Ingrid Müller-Münch war Korrespondentin der Nachrichten-agentur Reuters in NRW, Redakteurin beim STERN, moderierte im WDR-Fernsehen die Nachrichtensendung »Hier + Heute« und war über zwei Jahrzehnte lang Kölner Korrespondentin der »Frankfurter Rundschau« mit Schwerpunkt Gerichtsreportagen, in denen sie über die maßgeblichen Prozesse gegen NS-Straftäter aus Deutschland und Frankreich berichtete. Als Autorin arbeitet sie für WDR5 und WDR3, SWR2, die »Frankfurter Rundschau« und die »Stuttgarter Zeitung«. Bei WDR5 ist sie außerdem Krimi-Expertin. Am 30. Oktober 2009 hat ihr erstes Dokumentationstheaterstück »Zwei Welten« am Theater Bonn, Kammerspiele Bad Godesberg, Premiere.

Buchveröffentlichungen: »Die Frauen von Majdanek – Vom zerstörten Leben der Opfer und der Mörderinnen« (Rowohlt); »Als das Wünschen noch geholfen hat« (Rowohlt); »Biedermänner und Brandstifter – Fremdenfeindlichkeit vor Gericht« (Dietz-verlag Bonn). Darüber hinaus ist sie Herausgeberin und Mitautorin zahlreicher Sachbücher.

Ingrid Müller-Münch

ZWEI
WELTEN

Protokolle aus einer Stadt im Wandel

emons:

© Hermann-Josef Emons Verlag
Alle Rechte vorbehalten
Lektorat: Astrid Roth, Köln
Umschlaggestaltung: Ulrike Liermann-Strunden, Köln
Druck und Bindung: CPI – Clausen & Bosse, Leck
Printed in Germany 2009
ISBN 978-3-89705-704-3
Originalausgabe

Unser Newsletter informiert Sie
regelmäßig über Neues von emons:
Kostenlos bestellen unter
www.emons-verlag.de

Inhalt

Wie es zu »Zwei Welten« gekommen ist

Ein lauer Sommerabend in Bonn-Bad Godesberg. Auf den Wiesen des Kurparks chillen Schüler eines Bad Godesberger Gymnasiums bei Bier und Smalltalk. Plötzlich fahren VW-Bullys vor. Jugendliche Migranten, mit Messern, Baseballschlägern und Eisenstangen bewaffnet, springen aus den Fahrzeugen, drängen sich in Pulks unter die Feiernden, provozieren, schlagen, rauben Handys und Geld. Kurz nur dauert der Spuk. Zurück bleiben verängstigte Abiturienten mit reichlich blauen Flecken.

Der Überfall auf den Kurparkwiesen ist in Bad Godesberg kein Einzelfall. Immer wieder werden seit einiger Zeit Grillpartys und Vorabi-Feten regelrecht gestürmt und aufgemischt. Gymnasiasten trauen sich kaum noch, öffentlich zu ihren Festen einzuladen. Sie haben berechtigte Angst davor, dass sich der Partyort herumspricht und es zu Überfällen kommt. Deshalb wollte die Leitung des Theaters Bonn wissen: Was geht hier eigentlich vor? Was ist aus dem einst beschaulichen Bad Godesberg seit dem Wegzug der Bundesregierung vor etwa zehn Jahren geworden? Woher kommt diese Aggression?

Ich wurde damit beauftragt, in Bad Godesberg und Umgebung nach Antworten auf diese Fragen zu suchen. An die 60 Personen habe ich im Verlauf mehrerer Monate interviewt. Die meisten gaben bereitwillig Auskunft, ganz offiziell. Einige wiederum bestanden darauf, dass nur ja ihr Name nicht erwähnt werde. Durchweg alle waren heilfroh, dass sich endlich einmal jemand dieses schwelenden Konflikts in Bad Godesberg annimmt.

Ich sprach mit Polizeibeamten, der Integrationsbeauftragten der Stadt Bonn, mit einem Jugendrichter, einer Fußballtrainerin, mit Pfarrern, Berufsberatern, Kollegen der Lokalpresse. Ich war bei Geschäftsleuten, einem Kinobesitzer, Anwohnern des Villenviertels, Lokalpolitikern, Rektoren von Haupt- und Realschulen, Gymnasiallehreren, Jugendpflegern, Sozialarbeitern von Jugend- und Kindereinrichtungen in sozialen Brennpunkten, bei Vertretern des Marokkanischen Kulturvereins ebenso wie des Integrationsrates der Stadt Bonn, beim städtischen Jugendintegrations- und Jugendmigrationsdienst sowie dem freier Träger, dem Sprecher der Bad Godesberger Anti-Gewalt-Initiative »Go Respect«, beim Verein city-marketing. Ich nahm an Veranstaltungen zur Integration von Migrantenjugendlichen teil, besuchte Diskussionen und Führungen in der mit saudi-arabischer Unterstützung finanzierten König-Fahd-Akademie, aß Döner über Döner in einem Imbiss, der damals noch existierte und direkt gegenüber der Bushaltestelle an der Koblenzer Straße lag.

Einige wenige, die ich sehr gerne interviewt hätte, verweigerten jeglichen Kontakt. Der Rektor des Aloisiuskollegs (Ako) willigte zwar in ein inoffizielles Gespräch ein, lehnte jedoch eine Stellungnahme ab, als ich ihn zu Aussagen seiner Schüler befragen wollte und ihn bat, seine Antworten für mein Theaterstück verwenden zu dürfen. Einer der Lehrer des Pädagogiums (Päda) dagegen sprach ausführlich mit mir. Er versucht seit Langem, in einer Bürgerinitiative für ein besseres Zusammenleben zwischen Deutschen und Migranten zu werben.

Erste Kontakte mit Jugendlichen knüpfte ich dank der Empfehlungen vor allem eines Erwachsenen, der hier nicht genannt werden möchte. Ihm danke ich dafür, dass er bereitwillig sein Wissen und seine Befürchtungen um die Entwicklung von Bad Godesberg und der umliegenden Viertel an mich weitergab. Er war mein Türöffner, vermittelte mir weitere Ansprechpartner, die mich dann wiederum an die nächsten Informanten verwiesen. Allesamt Experten in der Frage, wie sieht eigentlich das Leben, die Zukunft junger Menschen in Bonn-Bad Godesberg aus. Sie alle besaßen das Vertrauen der von mir interviewten Jugendlichen. So gelang es mir, mit Mussa, Andrea und Alexander, Georg, Mehmet, Jenny, Diana, Margret, mit Reiner und Ingmar, Maria,

Susanne, Jonas und vielen anderen ins Gespräch zu kommen. Ihnen allen danke ich dafür, dass sie mir einen Einblick in ihr Leben, in ihre Welt gewährt haben.

Für die Protokolle habe ich die Namen der Protagonisten entweder geändert oder ganz weggelassen. Um die Interviews lesbarer zu machen, habe ich sie an wenigen Stellen korrigiert. Ansonsten habe ich aus Gründen der Authentizität auf eine weitreichende Überarbeitung der Texte verzichtet. In diesem Buch sind nur Ausschnitte aus den Interviews, die ich geführt habe, wiedergegeben. Ein Teil der abgedruckten Interviews bildet die Grundlage für das Dokumentations-Theaterstück »Zwei Welten«, das am 30. Oktober 2009 Premiere in den Bad Godesberger Kammerspielen hat.

Meine Recherche gewährte mir einen Einblick in zwei nebeneinander existierende Welten, die kaum Berührungspunkte haben und die man gemeinhin in dem einst so beschaulichen Bad Godesberg nicht erwarten würde. Noch immer zieht dieser so romantisch am Rhein gelegene Bonner Stadtteil mit seinem noblen Villenviertel eine gut situierte Bevölkerungsschicht an. Deren Kinder gehen meist auf eines der beiden renommiertesten deutschen Gymnasien, das Ako oder das Päda. Demgegenüber stehen immer mehr Migrantenjugendliche, die als verkrachte Hauptschüler auch zukünftig in dieser Gesellschaft keine Chance haben werden.

Diese beiden Welten, die sich mir bei meinen Recherchen offenbarten, sind vielen Sozialarbeitern, Polizisten und Politikern bundesweit als Problematik längst vertraut. Die Besonderheit von Bad Godesberg besteht darin, dass diese Entwicklung nicht langsam vonstatten ging, sondern vor zehn Jahren erst, mit dem Wegzug der Bundesregierung nach Berlin, begann.

Spuk im Kurpark

Ein Mitglied der Karnevalsgesellschaft Prinzengarde ist Augenzeugin eines Überfalls.

Ich war zwar nicht mitten in der Massenschlägerei drin, aber dabei. Freitags ist immer Aufbau zum Fest der Vereine. Da es ein schöner Abend war, haben wir es mit Grillen verbunden. Als echte Rheinländerin gehöre ich zur Karnevalsgesellschaft Prinzengarde hier in Bad Godesberg. Wir haben unseren Stand immer ziemlich am Eingang des Kurparks. Wir hatten aufgebaut, den Grill angeworfen. Es waren halt sehr viele junge Leute schon so um die Tennisplätze verteilt. Die standen dort, tranken Bierchen. Plötzlich liefen so 15 bis 20 fremde junge Leute aus Richtung Post in diese Grüppchen rein. Es spritzte alles auseinander und es ging eine Schlägerei los. Wir haben ein paar Schüler mit Servietten und was wir so hatten verarztet, die hatten leichte Schürfwunden. Hervorragend war, dass die Polizei irre schnell da war. Das ging rasant, mit einem Riesenaufgebot. Freundinnen von mir, die im Insel Hotel auf Toilette waren, denen kamen einige dieser Schläger entgegen gerannt. Die sind dann durch den Hintereingang Insel Hotel am Theaterplatz weg. Die Toiletten waren auch ordentlich ramponiert, wurde mir berichtet.

Die da standen und feierten, waren größtenteils Schüler, zumeist vom Ako, mit ihren Freundinnen. Die haben da ein bisschen Vorabi-Party gemacht. Die da rein rannten, waren möglicherweise nicht nur Ausländer, es waren aber welche dabei. Ich kann aber nicht ausschließen, dass bei den anderen auch welche dabei waren.

Es erschien mir wie ein Auftrag. Sie kamen aus Richtung Post, wie an einer Perlenschnur aufgereiht. Nicht wie zufällig, sondern wie geschickt. Die hatten Baseballschläger dabei, Schlagringe. Der Hintereingang im Insel Hotel, durch den die anschließend verschwunden sind, ist im Regelfall geschlossen. Damals waren die Türen durch Holzklötzchen präpariert. Deshalb konnten die durch die Passage sofort abhauen. Der ganze Spuk, die Schlägerei schien uns sehr schnell vorbei gewesen zu sein, ein Reinstürmen, ein Riesengebrülle, vielleicht zehn Minuten. Wir sind da geblieben, wo wir waren. Wir haben schlicht und einfach Ruhe bewahrt. Soviel ich weiß, hat die Polizei keinen gekriegt. Sie hat uns aber auch überhaupt nicht befragt. Dabei waren wir direkt neben den Polizisten, die den Park abgesucht haben.

Wir wollten doch nur feiern

Jugendlicher Ako-Schüler schildert den Überfall aus seiner Sicht.

Ein halbes Stufentreffen war das, privat organisiert, im Kurpark. Wir hatten einige Interne dabei und aus unerklärlichen Gründen sind Interne ja immer knapp bei Kasse. Die müssen auch früh nach Hause. Deshalb wurde das Ganze in den Kurpark verlagert. War ja auch schönes Wetter. Wir waren 30 Mann, die Mädchen mitgezählt. Wir haben ein bisschen getrunken. Ich stand abseits mit meiner Freundin. Hatte ein Headset auf. Irgendwann hab ich mich halt umgedreht, hab Krawall gehört, hab gesehen, wie ein Freund von mir ins Gesicht geschlagen wurde. Da hat mich gleich jemand mit einem Baseballschläger weggeschoben. Ich hab mich rumgedreht, meinte zu meiner Freundin: »Jetzt geh mal schnell ins Taxi!« War halt klar, wie aggressiv die waren. Und dann habe ich die Flasche schon an den Hinterkopf bekommen. Zwei Minuten später waren alle weg, Polizeiwagen da. Großaufgebot.

Es kam angeblich so dazu, dass ein paar bei uns aus der Stufe kurz austreten wollten, um die Ecke gehen. Dann kamen so sechs von den Migranten auf die zu. Handys her! Blöd angemacht. Unsere meinten, tja, ihr seid zwar hier in der Überzahl. Aber da vorne stehen 30 Leute von uns. Gab ein kurzes Wortgefecht. Dann haben die zugeschlagen. Ohrfeigen oder sowas. Nicht richtig zusammengeschlagen. Dann kamen immer mehr, waren aggressiv, es waren 30 bis 40 von denen. Bewaffnet auch, jetzt nicht mit Schusswaffen. Aber mit Messern, Baseballschlägern, Eisenstangen. Mit Bussen kamen die, so VW-Sprinter, diese Familiendinger, aus denen kamen die rausgesprungen. Fast schon wie in so 'nem schlechten Film. Haben zwei Minuten lang die ganzen Leute zusammengeschlagen. Dann sind sie wieder von dannen gezogen.

Solche Auseinandersetzungen kommen häufig vor. Fängt an mit, gib mal Kippe, und so. Mein Eindruck ist, dass man sich gezielt verabredet und zu Grillpartys in der Rheinaue oder zu so 'ner Abi-Vorfinanzierungsfete hinfährt, um den Laden da aufzumischen. Sowas ähnliches gab's erst kürzlich in Oberkassel, wo dann auch 20 bis 25 Leute angereist sind, um die Abiturfeier aufzumischen. Auf der anderen Rheinseite am Kardinal-Frings-Gymnasium hat es vor Kurzem dasselbe gegeben.

Opium war sehr beliebt

Eine alteingesessene Bewohnerin des Villenviertels von
Bad Godesberg erzählt von früher.

Godesberg war schon im auslaufenden 19. Jahrhundert ein Sitz
für wohlhabende Rentner aus dem Ruhrgebiet. Hierhin zogen
selbstbewusste selbstständige Handwerker und wohlhabende Leute aus dem Klein- und Geldadel. Der Rhein war ein beliebtes Aus-
flugsziel, vor allem bei Engländern und Niederländern. Da die
Söhne des Deutschen Kaisers gerne in Bonn an der Rheinischen
Friedrich-Wilhelms-Universität studierten, etablierte sich hier ein
Völkchen, das das Studentenleben in vollen Zügen genoss – voll
ist hier durchaus wörtlich gemeint. Das Lokal »Aennchen«, das es
heute noch gibt, war damals ein beliebter Treffpunkt. Die Studenten kamen mit der Kutsche oder dem Pferd von Bonn hierüber.
Die Bahnlinie war extra für die Kaisersöhne gebaut worden. Der
Bahnhof Bad Godesberg war die Endstation und wurde geradezu
palastartig ausgebaut. Godesberg war bis ins Dritte Reich ein beliebter Treffpunkt der Studenten.

Daneben gab es Badegäste, die kurten in den vielen privaten
Sanatorien. Damals hielten sich Gerüchte, wonach Ehemänner
ihre nicht mehr ganz taufrischen Ehefrauen hier im Badebetrieb
parkten. Die feine Gesellschaft kokste gerne, die Studenten tranken überwiegend Bier und Wein. Opium war ebenfalls sehr beliebt
und es gab bereits ein Sanatorium, in dem die Wohlstandsdrogen-
süchtigen untergebracht wurden. Auch ab 1933 blieb Godesberg
ein Nobelort, das hatte Hitler natürlich sehr schnell spitz gekriegt.
Er residierte hier im Hotel Dreesen, wenn er denn in dieser Kante
war – und das kam relativ häufig vor.

Bad Godesberg war der feine Teil neben Bonn. Im Villenge-
biet wurde während des Zweiten Weltkrieges relativ wenig zer-
stört, da die Alliierten ja nicht ihre eigenen Leute bombardieren

wollten. Hier wohnten nämlich immer noch Amerikaner und Franzosen, ein paar Engländer. Die waren zum Teil interniert. Hatten völlige Freiheit, aber durften hier nicht weg. Es waren sozusagen gefangen genommene Diplomaten. Nach dem Krieg kam relativ bald die Erhebung zur Bundeshauptstadt. Es kam Geld nach Godesberg, weil die Hauptstadt repräsentativ sein sollte. Bad Godesberg wurde sehr schnell die Residenz von diversen Botschaften. Das führte dazu, dass in vielen Villen der Stuck abgeschlagen und viel abgerissen wurde. Man wollte modern bauen. Es ließen sich dann in erster Linie die Diplomatenfamilien mit ihrem jeweiligen Tross nieder.

Es war hier sehr sicher, zumal es viel Polizei gab, die die Botschaften bewachte. Doch die Stadt vergrößerte sich immer mehr. Es wurden Wohnungen gebraucht für die vielen Regierungsmitarbeiter. Daneben entstanden riesige Wohnklötze für die Russische Botschaft zum Beispiel. Es gab ja auch einfachere Mitarbeiter, Fahrer, Köche, Gärtner, Handwerker, für die musste Wohnraum geschaffen werden. Damals sind in den Außenbezirken eine Menge Wohnungen entstanden.

Wir waren ja nun bis 1999 Bundeshauptstadt und haben immer gedacht, wir hätten zusammen gelebt, aber die Erfahrung hat mich gelehrt, wir haben nicht zusammen gelebt. Das hat vordergründig damit was zu tun gehabt, dass Ausländer irgendwelchen Botschaften zugehörig waren, und man hat immer gedacht, die leben ihre Welt und das betrifft mich nicht. Diplomaten und einheimische Bevölkerung lebten ziemlich neben einander her. Es gab wenig Berührungspunkte. Die alte Bevölkerung war in den Dörfern aufgewachsen. Sie gehörte dem unteren bis mittleren Mittelstand an. Wenn da ein schwarzer Botschafter mit seinem Gefolge durch die Innenstadt sauste, fand man das schon sehr toll und genoss einfach diese Internationalität. Aber jetzt sind die Botschaften weg und viele Menschen, die in den Botschaften gelebt und gearbeitet haben, leben nach wie vor hier und haben sich ihre eigenen Bezugsräume geschaffen.

Medinghovener Rap
Radikal Recordz, Medinghoven

das ist meine Straße das ist meine gegend
bonn medinghoven du darfst gar nicht reden
mein block mein style meine härte
mein ghetto weil ich für die scheiße sterbe

Ich hab mich vermasselt

Ein Migrant schildert, wie er immer mehr in die Kriminalität abgedriftet ist.

Ich bin 19 Jahre alt, syrischer Kurde. Ich bin mit drei Jahren hierher gezogen. Mein Vater war ein sehr guter Fußballspieler. Der war Nationalspieler in Syrien. Da gab's andere Vereine und die haben gedroht, meinen Vater zu töten. Weil er für eine andere Mannschaft gespielt hat. Und eine andere Mannschaft wollte ihn haben. Und er wollte nicht. Und dann haben sie gedroht ihn zu töten. Und dann hat er überlegt. Wir haben auch Familie in Deutschland. Dann sind wir hier hergekommen. Und wir hatten in Bonn viele Familie, ich habe sehr viele Verwandte. Und da sind wir jetzt hier.

Meine Religion zählt mir eigentlich sehr viel. Aber ab und zu passieren Dinge, die die Religion eigentlich verbietet. Alkohol. Klauen. Ich habe auch Drogen genommen. Hab schon probiert wie das is'. Ich hab mit allem aufgehört, außer Rauchen. Ich hatte viele Anzeigen und eine wegen schwerer Körperverletzung. Die war vor zwei Jahren, wurde aber erst vor Kurzem verhandelt. Ich war dann vier Wochen im Knast. Jugenddauerarrest. Jetzt muss ich nochmal vier Wochen.

Ich hatte dem Jungen … die Nase war kaputt. Ich hatte ihm die Nase geschlagen. Er war auf meiner Schule. Er war Türke oder Spanier oder so was. Keine Ahnung. Er hat mich beleidigt. Du Hurensohn! Weil er wusste, ich hab in der Schule Macht. Er wollte sich mit mir messen. Komm, wir kämpfen eins gegen eins. Und dann kam es, dass ich total ausgerastet bin. Und ich hab ihn zu hart geschlagen. Hat er mich angezeigt. Und ich hatte ja Bewährung. Und dann hatte ich noch eine Geschichte. Ich bin Auto gefahren. Obwohl ich hatte keinen Führerschein. Und jetzt muss ich nochmal vier Wochen.

Mit der Polizei hatte ich zum ersten Mal mit elf oder zwölf zu tun. Das war ein Ladendiebstahl. Ich war zusammen mit dem Rapper. Wir waren zusammen in dem Globus. Und da haben wir 'nen Ladendiebstahl gemacht. Es gab so Basketballstifte von Michael Jordan. Die waren damals sehr teuer. Und die haben wir uns unbedingt gewünscht. Und haben sie nicht bekommen. Finanziell gab's Probleme, Familie und so. Und da haben wir gedacht. Komm klauen wir's mal. Danach kam's zu bösen Sachen. Körperverletzung. Einbrüche. Raub. Überfall.

Ich hab mich vermasselt, weil ich wollte unbedingt Geld. Da wo ich jetzt lebe, Medinghoven, man will unbedingt schnell an Geld kommen. Alles schnell haben, was, wenn man was haben will, man muss es auch bekommen. Ich bin daran gewöhnt, wenn ich was haben will. Ich hab's mir auch genommen. Ich muss das kriegen.

Von der Familie hab ich nie was bekommen. Meine Kindheit war echt nicht gut. Ich erinnere mich noch. Kindergarten. Die hatten immer so Murmeln. Alle haben mit Murmeln gespielt. Papa, warum haben alle Kinder im Kindergarten Murmeln außer ich hab keine? Da hat mein Vater Tränen. Hat er sogar geweint. Wenn du älter wirst, dann stell mir die Frage nochmal. Dann antworte ich dir.

Mit neun nach Medinghoven. Und da hab ich Leute getroffen, die genau wie ich waren. Alle Jugendliche in meinem Alter, die hier leben, die haben dasselbe Problem wie ich. Dann haben wir uns zusammengesetzt. Warum sollen wir den anderen zugucken? Die haben das und das. Warum nehmen wir es denen nicht einfach weg? Sind wir auf die Idee gekommen. Wenn einer ein Handy hatte und ich wollte es haben, haben wir einfach nach der Uhrzeit gefragt. Wenn die das Handy rausgeholt haben ... oh, zeig mir mal das Handy. Dann haben wir es in der Hand gehabt. Hätte das Opfer gesagt, gib mir mein Handy zurück, wären wir gewalttätig geworden. Da haben wir auch geschlagen. Nach einer Zeit haben Handys auch nichts mehr genützt. Das waren 50 oder 100 Euro, wenn wir verkauft haben. Dann wollten wir mehr Geld bekommen. Ja. Dann macht man Überfälle. Man geht in 'nen Laden, maskiert. Und sagt, Geld raus. Und dann reicht das Geld auch nicht. Man will noch mehr haben.

Was heißt Gang? Wir waren erst mal jung. Wir waren zwölf, dreizehn Jahre alt am Anfang. Waren immer so 30, 40 Leute. Alle fast im gleichen Alter. Die meisten waren Kurden. Waren auch Türken und Libanesen dabei. Algerier und Marokkaner. Ein Deutscher. Und der hat gelebt wie wir. Der hat sich uns angeschlossen. Hat auch die Religion gewechselt. Hat auch seinen Namen geändert.

Am Anfang haben die uns nicht ernst genommen. Wir haben niemals darauf geachtet, eine Gang zu werden. Aber dann wurden wir älter und kräftiger. Und da haben wir uns gedacht, wir sind so viel Männer. Und dann haben wir angefangen, uns Soldaten zu nennen. Und dann haben wir gedacht, warum machen wir keine Gang? Wir sind doch genug Leute. Es gab BadGo, Tannenbusch und in Berlin hat man auch Gangs. In Amerika. Da haben wir solche Filme geschoben. Da haben wir gesagt, wir nennen uns MV, Medinghoven-Viertel. Haben wir am Anfang nur aus Spaß gemacht. Andere Gangs haben gehört, da gibt's diese MV. Dann natürlich Gangs gegen Gangs. Die wollen sich messen. Dann haben wir uns immer geschlagen. Haben gemerkt, wir werden langsam auch mächtiger. In Bonn gibt's zum Beispiel AT, Araber, TBC Tannenbuscher, BadGo Godesberg, MV, also, es gibt einige.

Und dann haben wir gesehen, wie mächtig wir sind. Wir können die und die besiegen. Haben uns gedacht, wir suchen einen raus, der auch stark ist, der Macht hat. Die bisher geschätzt werden. Haben wir uns gedacht, gegen Troisdorf. Da haben wir mit sieben Mann gegen 40 Leute gekämpft. Und die hatten alle Waffen. Totschläger, Messer, alles. Sogar Knarren hatten die an Kopf gehalten. Und trotzdem haben wir uns gut gehalten. Wir hatten nie gedacht, dass sieben Leute so lange durchhalten, bei diesem Kampf.

Wenn ein Ausländer mit so einem Gymnasiasten steht, da merkt man schon, da läuft was schief. Entweder er hat viel Geld, er verarscht ihn oder er hat en Handy, das will er von ihm klauen. Oder er ist mit seiner Schwester zusammen. Das sind die drei Dinge, wo man mit Gymnasiasten zusammen kommt. Sonst will ich mit denen nichts zu tun haben, weil die immer denken, sie sind besser als wir.

Die reden halt so uninteressiert mit jemandem. Die reden so, als wären sie etwas Besseres. Ich mach Abitur! Ich mach das! Du schaffst niemals was! Ich werde Arzt, ich werde reich! Das sagen die auch. Und Leute wie ich schlagen dann drauf und dann kommt die Anzeige. Die können sich niemals in meine Lage versetzen.

Das war im Alibi, is 'ne Disko. Das war in der Anfangszeit von der MV, ist etwa drei Jahre her. Da gab's Leute von uns, die können tanzen. Und von den BadGos können auch welche tanzen. Haben gegeneinander so Battle getanzt. Danach kamen Körperkontakte und dann kam es zur Schlägereien. Wir standen zuerst im Hintergrund hinter unseren Tänzern. Hauen. Schlagen. Polizeiwagen. Sind wir weggelaufen.

Heute die Schlägereien werden durchs Internet MSN gemacht. Da kommt es dazu, dass man sich streitet. Komm lass treffen. Und dann ruft man an, eins gegen eins, Mann gegen Mann. Dann, wenn die ihre Leute zusammensammeln, viel später fährt zusammen man mit dem Bus hin.

Stadthalle Bad Godesberg. Da ist so ne große Wiese. Da haben wir uns mal geschlagen. Bei uns gibt's 'nen Fußballplatz. Und an der Seite, wie so in einem Käfig, da kämpfen wir auch oft. Orte, wo keine Polizei ist. Meistens kämpfen wir ohne Waffen. Aber wenn wir sehen, das sind so viele, wir sind zu zweit, die sind zu zehnt, dann kommt's dazu, dass wir Waffen ziehen. Meistens Totschläger oder Schlagringe. Messer. Pistolen kommen ein Level höher. Wenn es mal dazu muss kommen, dann bin ich auch bereit zu schießen. Wenn einer zum Beispiel vor meinen Augen

meine Mutter schubsen würde, also dann, würde man auch schießen.

Ich sag nicht, Deutsche sind schwach, aber die trauen sich
nicht wie Ausländer drauf zu schlagen. Weil die sind anders aufgewachsen. Die werden nicht von ihren Eltern geschlagen. Und
ausländische, wie man hört, ja. Wenn ich wo runter gefallen bin
und habe geweint, dann haben mich meine Cousins geschlagen.
Haben gesagt warum, du bist doch kein Mädchen. Ein Mann
weint nicht. Du musst ein Mann sein. Dann haben die mich geschlagen. So eine Art Abhärtung. Wenn ich zum Beispiel Scheiße gebaut hab, dann gab's auch mal Schellen, also Schläge. Nicht
reden. Erst mal Schläge, dann wird geredet. Dann ist ja mein Vater sauer. Erst mal Wut rauslassen.

Wenn ich jetzt Kinder kriegen würde, ich glaub, ich würde
die auch schlagen. Ich sage jetzt, ich weiß, wie das ist, ich würde
niemals schlagen. Aber ich glaube, dass wenn ich älter werde, ich
weiß nicht … Es geht ja immer weiter. Ich denke mal, ich werde
später auch schlagen.

Ich hab Deutsche in drei Kategorien aufgeteilt. Deutsche sind
Nazis. Das sind meine größten deutschen Feinde, die's gibt. Die
haben Glatzen. Die sind gegen Ausländer. Die Rechtsradikalen.
Genau. Das sind Nummer eins meine Feinde.

Dann Nummer zwei gibt's deutsche Opfer. Die nennt man
so. Tut mir leid, das so zu sagen. Deutsche Opfer sind die, die
man abzieht. Auch zum Beispiel die Gymnasiasten. Das sind die
Opfer. Man nennt die halt Opfer. Und wenn die am Ausländer
vorbei gehen und gucken so auf den Boden … In Medinghoven
sehe ich gar keine Deutschen mehr. Hier im Jugendzentrum sind
hundert Prozent Ausländer. Hier kommen keine Deutsche. Hier
wohnen einige. Aber die kommen nicht raus. Weil die denken,
ich werd abgezogen.

Die dritte Kategorie iss völlig offen. Gibt auch deutsche Freunde. Habe auch einen deutschen Freund. Sein Name ist Walter.
Wurde am Anfang nicht ernst genommen. Denn er war blond,

blaue Augen und hat sich auch angezogen wie ein Opfer. Hat immer sein Schulranzen dabei gehabt. Und enge Hosen. Und seine Haare immer so Mittelscheitel. Und dann haben wir gesagt, irgendwann, ja, du hast kein' style. Du passt optisch gar nicht zu uns. Denn wir hatten Lederjacken an und so Käppis. Es war ein Gangsterstyle. Sowas hatten wir. Er war immer so fein. Also Mamas Sohn halt. Dann hat er nach einer Zeit seinen style auch gewechselt. Hat sich angezogen wie uns. Hat danach auch seine Religion gewechselt. Nicht sofort. Hat sich erst mal mit der Religion beschäftigt. Ist mit uns in die Moschee gegangen. Hat mit uns gefastet. All seine ganzen Freunde waren Ausländer. Und er hat gesehen, die essen so, da kann er nicht bei uns essen. Da hat er mit gefastet. Ist zu uns nach Hause gekommen und hat das Essen mitgegessen. Er sieht sich als kein Deutscher mehr. Ich bin jetzt ein Ausländer.

Deutsche lassen sich auch viel gefallen. Die wehren sich nicht. Die tun nur zu ihren Eltern gehen und sagen, der hat mich geschlagen. Wir machen 'ne Anzeige. Ein Ausländer würde nie eine Anzeige machen. Er würde Rache nehmen oder er würde als Verlierer dastehen. Ende.

Sag ich mal so: Ich bin sehr sehr sehr sehr glücklich, in Deutschland zu leben. Mir geht's auch sehr gut. Hab auch ziemlich Scheiße gebaut. Weil ich war auf anderen Gedanken, als ich jetzt bin. Zum Glück bin ich jetzt von der ganzen Sache raus. Aber … einige Sachen, die ziehen mit mir. Mein Leben lang, die werden mit mir sein. Dass wenn mich einer angreifen würde, ich auf jeden Fall hundertprozentig zurückschlagen würde. Egal, wer das ist. Ich raste komplett aus, wenn einer versucht, meiner Ehre zu nahe zu kommen. Oder meine Mutter beleidigt. Oder wenn einer etwas gegen meine Religion sagt. Oder gegen mich und meine Freunde.

Ja, ich war im Antigewalt-Training. Da bin ich rausgeflogen. Ich hatte die Termine nicht eingehalten, und das Training hat mich noch aggressiver gemacht, als ich bin. Da haben sie schlecht über meine Mutter geredet. Die wollten mich testen, ob ich ausraste. Theater hatt' ich auch noch. Wir hatten Schultheater. Da war die gleiche Geschichte, was jetzt hier ist. Also Deutsche und Ausländer. Und da sollte ich halt den bösen Ausländer spielen. Das hab ich auch gut und glaubhaft hingekriegt. Der Deutsche war natürlich mein Freund in echt. Aber wir haben gespielt, als wollte ich ihn abziehen. Ich glaub, ich hab noch ein Video davon. Ich hatte das Stück selbst ausgedacht und aufgeschrieben, haben wir auch gespielt. War sehr glaubhaft.

Es gibt die B-Sprache. Komme mit mir dahin. Dann sag ich kommbimir bahin. Das verstehen die anderen meist nicht. Wir tun immer ein B dazwischen. Das haben die vor 30, 40 Jahren hier in Bonn erfunden. B-Sprache. B für Bonn. Oder aus unserer eigenen Sprache. Gib mir eine Zigarette. Gib mal ein gardo. Marokkanisch = gleich Zigarette.

Ich will auf jeden Fall ein Antigewalt-Trainer werden. Damals hab ich es nicht ausgehalten. Aber ich will einer werden. Weil, wenn ich mit den Leuten reden würde, die die Scheiße gebaut haben, die würden eher auf mich hören als auf einen Polizisten oder sonst jemanden. Deshalb hab ich auf der Schule einen Job übernommen, wenn's mal Streit gibt, dann werd ich mal mit denen reden. So ne Art Streitschlichter. Und dann hab ich auch ein Projekt gemacht, wo Jugendliche, die in der Schule chaotisch waren, sind zu mir gekommen. Haben so ne Art Unterricht bei mir an der Schule.

Sagen wir mal: Die Leute vom Gymnasium treffen sich im Kurpark. Dann weiß das zum Beispiel einer von uns und sagt: Ja, heute gehen wir in den Kurpark. Da gibt's genug Jackys. So heißt die Beute, die man abzieht. Die Menschen nennen wir Opfer. Jackys sind Handys, die man abzieht, Geld gehört auch dazu. Heute Abend machen wir Jackys für uns. Danach treffen wir uns. Und das hat sich damals gelohnt. Wenn man damals mit 14 schon mal 400 bis 500 Euro in der Tasche hat. Was heißt Monat? Man kann jeden zweiten Tag so was haben. Nur wenn man jeden

Tag auf Jacky geht. Es kommt darauf an, wie oft man das in der Woche gemacht hat.

Deutsche leben halt … das Essen der Deutschen, ich könnte nicht überleben. Die haben Haustiere und überall liegen Haare. Man hat 'en Hund zu Hause. Die gehen mit Schuhen durch die Wohnung. Bei uns auf gar kein Fall. Weil es wird ja gebetet auf dem Boden manchmal. Wir beten auf dem Boden, den Teppichen. Bei uns ist tabu, Haustiere zu haben. Weil, da wird schwierig, die Wohnung zu pflegen.

Ich werd oft dumm angemacht. Als Kanake. Von den Deutschen. Ältere Leute. Omas. Die stehen zusammen und dann lästern die. Guck mal, der ist das, diese Kanaken. Die machen uns alles dreckig hier. Vorsicht!

Ich war vor Kurzem in Syrien. In Syrien, da ist alles anders. Die Kultur. Die Straßen und so. Also hier ist es viel sauberer. Und dort auf der Straße erlebt man die Kultur so. Morgens wird man geweckt von der Moschee. Danach auf der Straße alle Menschen sind freundlicher zu dir. Also, wenn du vorbeigehst, Salam aleikum, das heißt, hallo, man begrüßt sich. Und es gehen auch manchmal Männer mit Geißen und Tieren auf der Straße. Hühner sieht man auf der Straße. Und man hat seine ganze Familie da. Dort hab ich mehr als hier. Dort fühl ich mich besser.

Das ist ein Traum, ein Rapper zu werden. Ich würde weiterhin gern in Bonn leben. Aber ich will ein großes Haus haben halt. Paar Autos, eine schöne Frau. Oder wenn ich mal genug Geld in Deutschland gemacht hab, dann will ich auf jeden Fall zurück in mein Heimatland. Oder wo's warm iss. Hier ist es mir zu kalt. Ja, ich will auf jeden Fall meine Ausbildung machen. Und werde auch einen Job kriegen. Jeder, der in meine Akte von der Polizei guckt und mich persönlich kennenlernt, erkennt den Unterschied.

Dann beginnt die Neiddebatte

Ein Päda-Lehrer, ein Sozialarbeiter und ein Berufsberater schätzen die Lage ein.

Es gibt hier einige Internatsschulen, darum hat sich's immer wieder kristallisiert. Das eine ist das Päda, das andere das Ako. So nennen wir die beiden Schulen. Den Internatsschülern geht der Ruf voraus, die Eltern hätten viel Geld und dann kommt diese Neiddebatte hinzu, und es kommt immer wieder zu provozierten Rempeleien, an denen die nicht unschuldig sind. Denn wenn die angemacht werden, halten die fröhlich dagegen. Es wird ihnen nachgesagt, sie wären überheblich. Es fallen schon mal Bemerkungen wie Scheißtürke, dann kommt Scheißdeutscher zurück. Das schaukelt sich hoch. Die Schüler dieser Gymnasien halten sich für etwas Besonders, für die zukünftige Elite dieses Landes. Deren Eltern haben nie gemerkt, dass diese Statussymbole nur der äußere Schein sind. Die Kinder haben eine innere Leere. Und deswegen bezeichnen wir das als so 'ne Art Wohlstandverwahrlosung. In der Tat gibt es auch mehr und mehr wohlstandsverwahrloste Jugendliche, die häufig sehr viel materielle Voraussetzungen von zu Hause mitbekommen, aber die soziale Kompetenz, die ist bei denen überhaupt nicht mehr gegeben. Wenn die einen im Rahmen der Gewalt relativ schnell die Fäuste fliegen lassen, machen die das eher mit Worten, die sticheln auf, oder die sticheln andere auf, aber das ist natürlich nicht die Größenordnung, wie das bei diesen so genannten Gangs wie BadGos der Fall ist. Das ist eine gewisse Form von Arroganz, sie wissen natürlich auch, dass sie zu einer entsprechenden Bildungselite gehören und später natürlich nach dem Schulabschluss auch entsprechende Schulbildungsverläufe weiter haben und dies letztens Endes dazu führen wird, dass sie Bestandteil der Führungselite in Deutschland werden.

Übrigens gehört der Ausbildungsmarkt in Bonn im Vergleich noch mit zu den besten. Wir sind eine Stadt mit relativ vielen Arbeitsplätzen und relativ wenigen Arbeitslosen. Auch relativ wenig arbeitslosen Jugendlichen. Trotz dieser guten Situation, trotz dieser reichlichen Anzahl von Ausbildungsplätzen, ist immer ganz klar das Phänomen zu beklagen, dass viele Jugendliche den Sprung in die Ausbildungsstelle einfach nicht packen. Das hat unterschiedliche Gründe. Zwölf Prozent aller Schüler gehen zum Beispiel zur Hauptschule. Darunter sind viele, die kommen einfach nicht in die Socken. Die bewerben sich einfach nicht. Wir müssen auch zu unserer Verblüffung feststellen, die werden aus der Schule entlassen, fahren dann erst mal in ihr Heimatland in den Urlaub, kommen dann im September irgendwann wieder. Da ist die Ausbildungsphase schon seit zwei Monaten gestartet, die Ausbildungsplätze sind alle vergeben. In der Situation suchen die verzweifelt Anschluss, suchen eine Ausbildungsstelle.

Aus Langweile aufmischen gehen

Ein Jugendpfleger sieht die Schuld an all dem auf beiden
Seiten.

Das ist der Fluch der Handy-Gesellschaft, dass diese Gangs sich
sehr schnell verabreden können. Da kriegt einer mit, das da 'ne
Abiturfete in der Bad Godesberger Stadthalle ist. Kurzer Rück-
ruf an die Tannenbuscher. Die Tannenbuscher haben noch irgendwo einen Cousin, haben eh nichts zu tun, und dann gehn sie
mal aufmischen.
    Die Reichen haben mit denen ganz wenig Berührungsfelder.
Das sind ganz andere Sozialkreise. Das Freizeitverhalten von einem Gymnasiasten auf dem Päda oder dem Ako ist ein ganz anderes. Der hat am Nachmittag irgendwelche Kurse. Geht vielleicht Golf spielen. Deckt sich mit manchen Klischees. Der Vater
ist Arzt, die Mutter vielleicht Studienrätin. Ist ein ganz anderes
Verhalten. Man muss sich die gesellschaftspolitische Gesamtsi-
tuation mal ansehen. Die Schere wird immer größer. Die Jugendlichen merken das extrem. Und wenn ich heute zwei Elternteile
zu Hause habe, die Hartz IV-Empfänger sind oder die aufgrund
ihrer Ausbildung nicht das große Familieneinkommen nach Hause tragen, ich mir bestimmte Sachen nicht leisten kann, ist das
was anderes, als wenn ich in einer begüterten oder einer sehr
wohlsituierten Familie zu Hause mit allem verwöhnt werde, was
es gibt. Die Leere gleichen die einen halt aus, indem sie sich in
gangähnlichen Strukturen zusammenfinden und Dinge entwickeln, wo sie meinen, sie könnten die anderen ein bisschen kit-
zeln oder ärgern, wie zum Beispiel bei der Geschichte mit den
Abi-Vorfeiern, wo's dann anschließend zu einem Rieseneklat
kam. Und das hat sich ja in der Rheinschiene in den letzten paar
Monaten mehrfach wiederholt.
    Die meisten Familien dieser randalierenden Migrantenkinder

gehen keinem Erwerb nach. Sie leben von staatlichen Transfer-leistungen. Der Status dieser Familien ist sehr unterschiedlich. Es gibt unter ihnen viele anerkannte Asylbewerber. Die Jugendlichen sind nach dem Staatsbürgerschaftsrecht Deutsche, sind meist in Deutschland geboren, sprechen aber sehr schlecht Deutsch. Sie leben meist weiter in der Kultur, die ihre Eltern aus ihrem Heimatland mitgebracht haben. Auch untereinander sprechen sie, wenn möglich, in der Sprache ihrer Eltern. Mit der deutschen Sprache kommen sie lediglich auf der Schule in Berührung. Es geht ja schon so weit, dass selbst die deutschen Kids ihre Sprache annehmen. Die sagen von sich, wir sprechen auch Kanaken-Deutsch. Das ist dann eine Mischung aus arabischen Wortfetzen vermischt mit deutschen. Die Deutschen sagen auch mal Ballah, was bedeutet, bei Allah, ich schwöre.

Wir haben eine ganz andere Hemmschwelle

Ein Ako-Schüler beschreibt das Aufeinandertreffen unterschiedlicher Welten.

Die nutzen es natürlich auch aus, dass wir 'ne ganz andere Hemmschwelle haben als die. Also zum Beispiel, wenn ich jetzt zu einem hingehe, den anmache, hey, was willste, dann hätte ich sofort eine gekriegt. Wenn die zu einem hingehen, schlagen wir längst nicht direkt zu. Die haben auch schon mal ein Messer oder ähnliches dabei. Sind häufig in der Überzahl, weil die sich immer so zusammenrotten. Das ist halt sehr cool, vor der Freundin einen auf besonders gefährlich zu machen. Ein bisschen Anlehnung an die ganzen Fifty-Cent-Gangster-Sachen, die es in Amerika gibt. Total cool, lässig! Also nicht wir in Person sind Provokation für die. Sondern grundsätzlich Leute wie wir. Provokation besteht in den Unterschieden. Mein selbstbewusstes Auftreten, trotz keiner schlagfähigen Statur.

Es ist weit verbreitet, dass auch Jugendliche aus gutem Hause einen auf gefährlich machen. Weil's halt cool ist, auf gefährlich zu sein. Nur, ich finde das ein bisschen übertrieben, sich hier zu verhalten, als würde man im Ghetto in Amerika leben. Wo man jeder Zeit auf offener Straße erschossen werden kann. Das ist hier nicht so. Und dann immer so, ja, Scheiß auf Polizei. Wenn aber die Polizei kommt, dann sind sie trotzdem wieder so klein, weil es halt hier keine amerikanischen Verhältnisse sind. Es geht ein Reiz davon aus, gefährlich zu sein.

Manchmal machen sie unsere Mädchen an, haben sehr plumpe Anmachsprüche. Die ziehen natürlich nicht. So Sachen, die man im Fernsehen bei so 'ner Comedy-Serie hört. Ich hab schon erlebt, dass die zu 'nem Mädchen sagen: Eh kannste schwimmen? Ich werd dich jetzt gleich ins Becken stoßen. Die meinen das ernst, während wir uns das im Fernsehen angucken, weil's so lustig ist. Oder die sagen: Ich hab meine Handynummer verloren, kann ich deine haben? Allgemein jedenfalls herrscht bei denen das Machotum vor.

Ratschläge kriegen wir genug: Geht dem Problem aus dem Weg! Ruft frühzeitig die Polizei! Haltet euch nicht in den oder den Gegenden auf! Aber ernsthaft bringt das nichts. Es ist nicht nur so, dass wir da Straßenkrieg führen. Es ist hier kein Ausnahmezustand. Manchmal kommt es vor, dass man sich friedlich mit solchen Leuten unterhält. Wenn zum Beispiel eine Freundin von uns mit so einem zusammen ist. Das ist nicht selten, dass sich Mädchen so einen primitiven Proleten suchen. Vielleicht machen die das, um einen Typen zu haben, der ihnen immer irgendwie unterlegen ist. Ich habe manchmal den Eindruck, dass die sich extra einen Freund holen, den man ein bisschen deckeln kann. Die sind gut in der Schule, haben eine rosige Zukunft, ein gutes Elternhaus – und gehen dann mit so einem.

Von Schlägerei zu Schlägerei fällt die Hemmschwelle. Wir haben auch einen dabei, der hat schon einige Schlägereien hinter sich. Ist ein guter Freund von uns. Der ist kein Asi oder so. Der war auch auf einer guten Schule, studiert gerade VWL in Bonn, aber der hat eine ganz andere Hemmschwelle als wir.

Medinghovener Rap
Radikal Recordz, Medinghoven

die schule war vorbei
16 uhr haltestelle endlich hab ich frei
ich denke nach, wer war das mädchen
neu in meiner Schule neu in meiner Gegend
ich mach en anruf afrin geht ans handy
hör mal zu kennst du dieses weib da
ich weiß was du willst doch es ist nicht so einfach
ist die neu hier wann ist die eingezogen
gestern abend kam sie an hier in Medinghoven
optimal, lass mal dahin gehen
bist du verrückt, der Bruder
sie ist keine 17
was für 'n bruder was will der machen
ich geh dahin und lass die backpfeifen klatschen
sie ist hübsch jeder will sie haben
keiner darf sie fragen keiner weiß ihren Namen
das ist das Mädchen neu in meiner Gegend
lebt in Medinghoven darf mit keinem hier reden
sie ist hübsch, jeder will sie haben
sie erzählt sie ist die Schwester von Hamudi
ich traf mich mit ihr an jedem abend
sie musste warten bis die Eltern schlafen
alles bleibt heimlich keiner darf es wissen
sie erzählt mir jeden Tag ihr Leben ist beschissen
ich liebe dich
da ist dieser Junge der oft an unserem fenster steht
der ist nicht gut für dich weil er wie ein gangster lebt
ein anruf von unbekannt
ich bin's afrin wer ist am handy dran

34

was ist los hamudi ich liebe deine schwester
lass uns treffen lass darüber reden
egal was du sagst ich und deine Schwester
ein Leben
es ist das Mädchen neu in meiner Gegend
lebt in medinghoven und darf mit keinem reden
sie ist hübsch jeder will sie haben
keiner darf sie fragen keiner weiß ihren namen

Fast jeder kennt die Namen der Gangs

Die Vorsitzende des CDU-Ortsverbandes Villenviertel
versucht zu schlichten.

Wir haben hier in Bonn sieben jugendliche Banden, hübsch sortiert, die haben alle Migrationshintergrund – es gibt keine Gang ausschließlich von Deutschen. Diese Gangs sind sortiert nach Türken, die ziehen wiederum nicht mit Marokkanern rum. Zwei Bonner Problemviertel, Tannenbusch und Medinghoven, haben vor allem solche Gangs. Die verabreden sich regelrecht zu Keilereien. Die kommen ganz schnell nach Bad Godesberg, wenn's sein muss. Auch in Bad Godesberg gibt es eine Gang, die Bad-Gos. Diese Gangs haben solches Oberwasser, die stellen ihre Gangsterraps ins Internet. Die sind so dreist, die stellen ihre Drohungen ins Internet. Da ballt sich etwas Ungutes zusammen. Ein Konzept dagegen hat es bis jetzt nicht gegeben. Die Gangs haben sich vornehmlich nach den Vierteln benannt, aus denen sie stammen: Da gibt es die BBA, die Brüserberger Asozialen, die MV, nach Medinghover Viertel, TBC, Tannenbuscher Center, AT, Auerberger Terroristen, Meck Towns oder AKS, Allgemeine Kaputtschläger, Bornheimer Kanacken, BadGos, Chillers.

In einer Familie aus meinem Bekanntenkreis spielen alle Basketball, sind entsprechend groß. Zwei Meter. Trotzdem trauen sich die beiden Söhne nicht mehr ins Ringsdorfer Schwimmbad. Weil da immer diese Marokkaner sind. Die schicken einen Kleinen vor, der rempelt gezielt einen Deutschen an. Den haben die sich vorher ausgeguckt. Der sagt dann, hey, pass auf, und hat dann 20 Marokkaner um sich rum und die machen ihn rund. Der Schwimmmeister greift nicht ein, weil er nicht mit verdroschen werden will. Deswegen gehen unsere da nicht mehr hin.

Im letzten Jahr hat die Klasse einer Realschule aus Bad Godesberg einen Schulausflug nach Berlin gemacht. Die Schüler hatten in bisschen Stress in Wedding. Mit dabei waren einige von diesen BadGos. Und dann haben die ihre Freunde in Bonn angerufen, die sind mit ihrem BMW da eingeflogen. Am nächsten Tag haben die eine Klopperei in Wedding angezettelt und sind anschließend, nachdem sie was getrunken und gegessen hatten, wieder nach Godesberg zurückgefahren. Für die ist jeder Deutsche sowieso entweder ein Nazi oder eine Kartoffel. Es gibt in der deutschen Bevölkerung eine Riesenangst vor diesen ausländischen Jugendlichen. Unsere deutschen Jugendlichen werden, wie es verharmlosend heißt, abgezogen. Für mich ist das Diebstahl oder gar Raub. Unsere trauen sich schon gar nicht mehr, eine Fete anzukündigen. Denn diese Rollkommandos sind auch schon in private Räume eingedrungen und haben mal eben ein Wohnhaus verwüstet. Dabei soll schon mal, wie ich hörte, ein Schaden von 100.000 Euro entstanden sein. Weil der Plastikbildschirm zu Bruch ging, die Möbel aufgeschlitzt wurden. Wenn sich unsere Jugendlichen in den Rheinauen verabreden, kommen diese ausländischen Rollkommandos und schlagen sie zusammen, nehmen ihnen alles ab. Unsere Jugendlichen haben inzwischen Angst vor denen. Das ist ja auch nicht witzig, zusammengeschlagen und beraubt zu werden.

Durch meine ehrenamtliche Tätigkeit für die CDU und in meiner Eigenschaft als Vorsitzende des Ortsverbandes Villenviertel sprechen mich viele Leute hier im Viertel an, wenn sie irgendwo der Schuh drückt. Wenn der Nachbar die Büsche nicht richtig schneidet und das ganze zu ihm rüber hängt. Aber auch, wenn, um es mal vorsichtig auszudrücken, verhaltensauffällige Jugendliche randalierend durchs Viertel ziehen.

Ich wohne ja direkt am Spielplatz – wir können rüberschauen. Dieser Spielplatz ist immer mal wieder Anlass zu Kritik von Nachbarn, die hier wohnen. Weil auf diesem Spielplatz in den warmen Monaten Jugendliche abends herkommen. Viele setzen sich einfach nur auf die Bänke und klönen miteinander. Die meisten sind unauffällig. Aber es kommt immer wieder vor, dass

Jugendliche Alkohol verzehren. Und wenn sie genügend getrunken haben, dann werden sie laut und fangen an zu randalieren. Es kommt zu wiederholten Einsätzen der Polizei und gibt immer wieder Ärger in diesem Viertel. Die sich hier treffen, sind Bad Godesberger Jugendliche. Wir haben in 200 Metern Luftlinie hier vom Villenviertel entfernt eine Wohnanlage für Hartz IV-Empfänger und Familien mit Migrationshintergrund. Die wohnen in beengten Verhältnissen. Und deren Jugendliche wollen raus. Dass sie sich hier treffen, ist völlig in Ordnung. Wo sollen die auch sonst hin. Wir haben hier wirklich nichts. Außer den Spielplatz. Ich werbe immer wieder darum, ein bisschen toleranter gegenüber diesen Jugendlichen zu sein. Tagsüber sind auf dem Spielplatz übrigens kaum ausländische Familien. Obwohl in ihrer direkten Umgebung sich kein Spielplatz befindet. Unsere Mütter verschwinden so gegen sechs Uhr abends mit ihren Kindern zum Abendessen. Ab sieben Uhr dann habe ich das Gefühl, ich lebe im Orient. Dann kommen diese Familien. Tief verschleierte Frauen. Dann ist alles fest in muslimischer Hand. Da ist keine Frau bei ohne Schleier. Die kommen nie tagsüber, wenn unsere deutschen Frauen da sitzen.

Das ist kein Friedhof hier. Und ich möchte auch nicht, dass das Villenviertel zu einem Friedhof verkommt. Hier findet gerade eine Bevölkerungsumschichtung statt. Vor achtzehn Jahren gab es kaum Kinder und Jugendliche. Jetzt, durch den Regierungsumzug, durch Erbschaften und das Wegsterben der alten Bewohner, werden hier Häuser frei. Es ziehen erstaunlich viele junge Leute ein. Ich weiß nicht, ob die vom Vater das Haus gekauft bekommen haben, vielleicht bei Telekom oder Post arbeiten und sehr gut verdienen, um sich solche Häuser leisten zu können. Jedenfalls ist dieses Viertel im Umbruch, lebt auf, und ich sehe es mit großer Freude.

Die Zäsur kam mit dem Wegzug der Bundesregierung nach Berlin

Ein Mitarbeiter von city-marketing und eine Anwohnerin erleben die Veränderungen.

1999 war schon eine Zäsur für Bonn und Godesberg besonders. Das war auch so der Zeitpunkt, wo viele festgestellt haben, hier beginnen sich Dinge zu verändern. Gut, man kann auch sagen, zu normalisieren. Weil, der Zustand vorher war ja nicht normal, dass man an jeder Ecke irgendwie 'ne gut bewachte Botschaft hatte und Objektschutz, Polizei. Das waren schon Zustände, die nicht vergleichbar waren mit dem Rest der Republik.

Es leben hier viele Türken und Marokkaner, die als ganz normale Arbeitskräfte herkamen. Marokkaner haben sich hier als kleine Geschäftsleute angesiedelt. Lebensmittelläden. Viele Türken zogen her, deren Läden zu Treffpunkten wurden, weil sie nicht mit rabiaten Geschäftszeiten arbeiten, sondern lange offen haben. Auch Pakistani haben sich hier angesiedelt.

Früher mit den Diplomaten gab es schon mal Probleme. Natürlich ging immer mal was durch die Presse. Da hatte ein nigerianisches Kind ein anderes Kind fürchterlich verprügelt und ihm das Handy geklaut und jetzt können wir die Eltern nicht belangen, weil es ja Diplomaten sind. Schlimmer war es bei den Autofahrern. Da nahm man sich vor den 0-Schildern in Acht, weil man nicht sicher sein konnte, ob die versichert waren. Es wurde zumeist in der Presse hochgespielt.

Es war insgesamt ein friedliches Plätzchen. Man war bisher irre verwöhnt. Hier in Bonn war man unter einer Käseglocke. Wir waren mit Personenschützern und Objektschutz abgesichert. Jetzt müssen wir uns langsam daran gewöhnen, dass es im normalen Leben nicht so zugeht. Natürlich ist es nicht schön, wenn so was passiert wie der Überfall auf die Gymnasiasten im

Kurpark, aber nach meiner Meinung sind wir immer noch gut dran. Es ist umso wichtiger, jetzt etwas dagegen zu unternehmen, bevor das Kind ganz in den Brunnen gefallen ist. Wenn überall Randale ist, wenn man weiß, da kannste hin und draufhauen und wenn ich Einbrüche mache, da kann ich noch gut was rausholen und es kümmert sich keiner drum, dann ist die Kriminalität wirklich da. Ich will es nicht verniedlichen, es ist grundsätzlich unschön, aber man muss auch überlegen, wie ist es außerhalb unseres schönen Bonns. Mit den Botschaftskindern war es hier ein wunderschönes Leben und man brauchte keinerlei Angst haben. Man war insgesamt nicht auf die neue Situation eingestellt.

Als damals vor über zehn Jahren der Beschluss Berlin kam, waren die Leute erst mal ein halbes Jahr wie gelähmt, haben nichts eingekauft und danach: Es hat immer jut jejangen und wir haben ja noch Zeit. Und so ging die Zeit dahin. Es hat den runden Tisch gegeben, was den Handel betrifft, daraus entstand der Verein citymarketing, der gesagt hat, wir müssen uns um den gesamten Standort kümmern. Der ist 98 gegründet worden. Gott sei Dank, aber 98 war eigentlich schon zu spät. Weil 98/99 waren die Umzugswagen schon da.

Inzwischen stellt sich heraus: Es hat sich in der Geschäftewelt weniger verändert, als befürchtet wurde. In Bad Godesberg ist durch Zuzug gehobener Schichten die Kaufkraft erhalten geblieben. Durch Telekom und ähnliche Unternehmen ist es nicht so schlimm geworden. Es gibt eben doch noch Feinkostläden, Wohnaccessoire-Häuser. Bad Godesberg hat immer noch einen hohen Anteil inhabergeführter Läden. Die Enklave ist jedoch vorbei. Und daran muss man sich gewöhnen. Wir sind nicht in der Vergangenheit, sondern im Hier und Heute. Und in der Relation zu anderen geht es uns verdammt gut. Immer noch.

Vor drei Wochen hab ich einen Schulfreund getroffen, der in Godesberg aufgewachsen ist und jetzt in Berlin lebt. Er sagte mir, ich bin gestern Abend durch die Godesberger Innenstadt gegangen. Ich war erschrocken, weil das einzige, was ich gesehen habe, waren völlig vermummte Araber, beziehungsweise halbstarke Jugendliche mit Baseballcappys, vor denen ich einen großen Umweg mache. Das von jemandem zu hören, der Mitte vierzig ist, der hier aufgewachsen ist, der die Situation kennt, der in Berlin lebt, seit einem Jahr. Das ist schon ein Ding.

Gib mal Kippe deutscher Pisser

Ein Ako-Schüler wird verhauen.

Mir wurden halt sämtliche Vorderzähne ausgeschlagen. War vier Tage stationär im Krankenhaus. In Bonn ist das passiert, als wir abends unterwegs waren. Wir sind durch Godesberg gezogen – äh Bonn – mit en paar Freunden. Hatten irgendwie im Paulaner vorher Maß-Wett-Exen gemacht. Deswegen waren wir schon leicht angetrunken. Ich hatte so drei Maß intus. Dann wurden wir halt ein bisschen angemacht. Nennen wir sie mal Halbstarke mit Migrationshintergrund, so umgangssprachlich Muchel genannt. Keine Ahnung, was das bedeutet. Wir waren vier. Dann haben wir zurück angemacht. Die anderen waren anfangs zwei und gegen Ende 16.

»Gib mal Kippe deutscher Pisser!

»Hä, verzieht euch und so!«

Der hatte so ein HipHop-Cappy an. Und dann hab ich so gemeint:

»Äh, Hiphopper, bleib mal cool!«

Hab so zugespitzt mit ihm geredet, das fand er, glaube ich, nicht so lustig wie ich. Dann kam auf einmal ein Auto an, ein alter Fünfer-BMW tiefer gelegt, so asozial aufgetuned, prollig, da stiegen dann irgendwie fünf Kickboxer aus. Dann kam nochmal ein Dreier an. Ein Freund von mir lag am Boden. Der andere wollte dem gerade ins Gesicht treten. Und ich stand so schräg hinter ihm. Hatte noch so überlegt, ob ich ihm auf den Hinterkopf haue. Kann ich aber nicht einfach, jemandem auf den Hinterkopf hauen. Und dann habe ich ihn so weggeschubst, dass er meinem Freund nicht ins Gesicht treten kann. Da hat der sich umgedreht und sich sozusagen mit mir beschäftigt. Hat dann voll durchgezogen. Hat mir dann richtig aufs Gesicht gehauen. Das sind Muchel, die richtig Kampfsport betreiben. Danach wusste ich genau, in zwei Minuten tut's weh. Man hat ja zunächst noch so einen Adrenalinkick, spürt nichts. Aber dann habe ich das ganze Blut gesehen und mir war klar, dass es ein bisschen ernster ist. Dann erst habe ich langsam realisiert, dass mir Zähne fehlen. Das war alles ärgerlich. Die anderen hatten Prellungen. So richtig getroffen hatte es mich. Der andere lag auch im Krankenhaus. Der hatte ein angeschwollenes Jochbein oder so was ähnliches. Das hätte bitter für uns geendet, wenn die Polizei nicht rechtzeitig gekommen wäre. Die hatten uns angezeigt. Aber das wurde natürlich fallengelassen. Es kommt halt anders rüber, wenn die die Anzeige stellen, als wenn wir das tun.

Mein Vater meinte, ich solle mich in nächster Zeit mal ein bisschen zurückhalten mit meinen Kommentaren.

Hey, ihr Scheißkanaken

Der persische Freund des Ako-Schülers sieht das alles
etwas anders.

Mein Freund, dem sie die Zähne ausgeschlagen haben, ist ja nicht
gerade ein Engel. Die waren unten in der U-Bahn. Waren auf der
einen Seite. Auf der anderen Seite waren zehn Türken oder so
was. Und mein Freund so: »Hey ihr Scheißkanaken.« Da sind die
losgerannt und dann haben sie die gekriegt. Mein Freund, wenn
der nicht den Macker markieren würde, dann hätte der auch nicht
seine Zähne verloren. Wenn er und seine Kumpels da mit ihren
Poloshirts, Gucci-Gürteln und Lackschuhen rumlaufen, wie wollen die da im Streetfight irgendjemanden umhauen? Wenn die Türken kommen mit Schlagstöcken in der Hose, mit Bomberjacken –
ist ja klar, wer da körperlich überlegen ist. Ich weiß nicht, ob die
sich jemals in Ruhe lassen werden. Ich glaub's eigentlich nicht.
Selbst wenn die Ausländer die Deutschen in Ruhe lassen würden,
wär's nicht vorbei. Die Deutschen würden trotzdem über die
Ausländer weiterlabern und sagen: Scheißkanaken und so.
   Ich bin 18 Jahre alt, in Deutschland geboren mit persischen
Wurzeln. Sozusagen neudeutscher Mitbürger mit Migrationshintergrund. Hab gerade mein Abi am Ako gemacht, werde Me-
dizin studieren. Offiziell bin ich Moslem, ja schon. Weil, es ist
wie im Christentum oder bei den Juden, wenn man einmal in
dem Verein drin ist, kommt man auch nicht mehr raus. Mein Vater war politischer Flüchtling. Er war im Iran Jurastudent, dem
man dann wegen seiner politischen Haltung die Zulassung zum
Examen verweigert hat. In Deutschland wurde sein Studium
nicht anerkannt. Daraufhin hat er sich zu einer Ausbildung als
Zahntechniker entschlossen. Da war er Ende zwanzig. Meine Eltern waren damals schon verheiratet. Später hat mein Vater hier
noch ein Taxiunternehmen gegründet.

Meine Eltern haben immer sehr viel Wert darauf gelegt, dass ich mich anpasse. Also einen starken Akzent nicht auf Integration gelegt, sondern sogar partiell auf Assimilation, mit einer Besinnung auf die Wurzeln. Denn die kann ich nicht verschweigen. Ich bin nun mal nicht der blonde, blauäugige Arier. Ich bin der Mensch, der diese Wurzeln hat und dazu bekenne ich mich genauso, wie ich mich zu der deutschen Kultur bekenne. Meine Eltern sprechen zu Hause persisch. Es ist meine Muttersprache, mit der ich aufgewachsen bin. Mit meiner Schwester spreche ich fast nur deutsch. Den Spagat zwischen beiden Kulturen habe ich ganz gut geschafft.

Einmal hab ich die Geschichte meines Papas erzählt. Im Kurs. Hab es bereut. Was hängen geblieben ist – dein Papa war inhaftiert! Dein Papa ist ein Verbrecher! Leute, ihr habt nicht verstanden, um was es gerade geht, habe ich dann gesagt und seither zu dem Thema geschwiegen.

Ohne jetzt arrogant wirken zu wollen, war ich immer ein guter Schüler. Meine Eltern haben Wert darauf gelegt, dass ich gut ausgebildet bin, weil ich es automatisch schwerer haben werde. Das ist kein Makel. Ich empfinde es eher als Ansporn. Wenn ich 'ne Bewerbung irgendwo hin schicke und ein anderer Heinz-Uwe irgendwer seine Bewerbung hinschickt, werde ich bei gleicher Qualifikation nicht bevorzugt werden. Schon vom Namen her. Das heißt, dass ich 'ne bessere Qualifikation habe muss als mein Mitkonkurrent.

Viele haben diese Angst, an die sie selbst glauben. Wenn man mit dem Auto durch Godesberg fährt, denkt man, ja, hier ist Klein-istanbul. Machen am Auto die Zentralverriegelung zu, wenn sie an der Ampel stehen. Warum? Ja. Der Ausländer! Dann sag ich: Ja Leute. Komplette Realität! Da kann ich Raumschiff Enterprise schauen und das hat noch mehr Realitätsbezug.

Das Ako ist ja nicht mit anderen Schulen zu vergleichen. Der typische Ako-Haushalt ist ein konservativer CDU- oder FDP-Haushalt, der den Anschein erweckt, viel Geld zu haben. Ob das immer stimmt, weiß ich nicht. Es gibt da eine Anmache wegen Nichtigkeiten. Unter den Akos. Wir sind in der Klasse. Das Fenster ist offen, mitten im Winter. Alle beschweren sich. Mach das Fenster zu. Und ich bitte auch einfach das Fenster zuzumachen. Dann kommt: »Du Scheißasylbetrüger.« Ich fang an zu lachen. Ich find's einfach lächerlich. Dann halt ich die Klappe. Ein Klassenkamerad, dessen Vater Hochschullehrer ist und der auch 'ne ausländische Mutter hat, sagt dann: »Mach das Fenster zu!« Und dann kommt als einziges: »Du Scheißnigger, halt die Klappe und setz dich wieder hin.« Der Kommentar vom Lehrer: Man müsse mal 'ne Nacht darüber schlafen und sich beruhigen und dann mit weniger Temperament an die Sache ran gehen. So was sei intolerant.

Vor dem 11. September gab es das Problem ja nicht. Ich war in der sechsten Klasse, als das passiert ist. Vorher war das Thema islamistischer Terrorismus sowieso nicht präsent. Dann kam die Zeit der Kofferbombenanschläge. Damit kamen so die ersten Anspielungen. Wo ist dein Trolley? Ich habe gemerkt, ein paar Leute haben Humor. Gut, ok. Damit hab ich kein Problem gehabt. Hab gesagt, ich hab meinen Trolley heute Morgen im Zug vergessen. Probleme hab ich, bei Sticheleien, um mich zu ärgern. Das nervt mich. Und dann hab ich gemerkt, wenn Leute Humor haben und das nur aus Spaß sagen, irgendwann iss es abgeklungen und dann iss es auch gut. Spätestens nach zwei Monaten ist der Witz dann ausgelutscht. Aber die, die penetrant weitergemacht haben und dauernd irgendwie darauf zu sprechen kamen ... Was iss mit dem Dschihad und was iss hier und wo ...

Ja, es ist schon so, dass man als Ako-Schüler in Godesberg kilometerweit erkennbar ist. Wenn man Hilfiger-Shirts und den großen Gürtel und den hochgestellten Kragen sieht, dann kann man neunzigprozentig sagen, Ako. Auf dem Gürtel steht dann Gucci. Na ja, das provoziert.

Es hat sich was aufgestaut, was sich entladen muss. Wenn ich jemanden sehe, so ein abwertender Blick, dann wird weggeschaut, dann das Handy rausgeholt und telefoniert. Diese Menschen können das leicht als Provokation sehen. Diese Geste. Und zur Verständigung fehlen dann die Worte. Denn unsere Ako-Schüler sind in der Situation genauso wenig eloquent wie die, die da anfangen zuzuschlagen. Dann bilden die sich auch noch was drauf ein, deutsch zu sein. Da krieg ich die Krise.

Aber das viel größere Problem ist, was nach so einem Vorfall passiert. Dann kommen die Hetzer. Dann kommen die, auf die so einige Jugendorganisationen heiß wären. Dann heißt es: Ja, mit weniger Ausländern würde das nicht passieren! Die sollen doch mal zufrieden sein, dass wir sie hier leben lassen! Ich würde schon ganz gern NPD wählen, aber ich wähl trotzdem CDU! Die weiß wenigstens, wie man die Ausländer rausbekommt! Es kann ja nicht sein, dass man sich in Deutschland selber nicht mehr wohl und frei fühlen kann und überhaupt ... sie belagern und sie überlagern uns!

Ich hab auch persische Freunde. Und merke, ich bin derjenige, der es verstanden hat, sich irgendwie in der Gesellschaft zu integrieren. Das finde ich ganz wichtig. Ich muss einiges von mir total zurückfahren. Wenn ich mit 'nem Perser unterwegs bin, dass ich nicht öffentlich persisch spreche. Das ist dann schon ein Schritt mehr als Integration. Da ich es einfach unhöflich finde, anderen Menschen gegenüber, auch wenn ich telefoniere, dann persisch zu sprechen. Ich mach nichts, was typisch Ausländer ist. Ich mach nichts, was von der deutschen Norm abweichen würde.

Wir sind die Elite

Ein Ako-Schüler sieht seine Zukunft durchaus rosig.

Es wird zwar von der Schulleitung sehr ungern gesehen, weil's auch gar nicht in die jesuitische Philosophie passt. Aber man sieht sich so als Elite an. Man hat später die besseren Jobchancen, meist sehr gute, weil die Eltern über entsprechende Kontakte verfügen. Die Kinder haben auch durchschnittlich mehr Geld als auf normalen Schulen in Anführungsstrichen. Und dadurch fühlt man sich halt zu so 'ner gewissen Avantgarde.

Wie die Provokationen unsererseits aussehen? Verächtlicher Blick oder die Nummer Die unten wir oben. In Discos zum Beispiel, wo wir oben im VIP-Bereich sind und Getränke von oben runterkippen oder so. Gerade wenn man betrunken ist, macht man das mal eher. In Discos reservieren wir uns im VIP-Bereich einen Tisch. Den bekommt man nur, wenn man einen gewissen Mindestverzehr von etwa 250 Euro deckt. Das ist nicht wenig. Wenn man sich dann noch überlegt, dass von den fünf Leuten zwei, drei Mädchen dabei sind, dann bleiben die 250 Euro an zwei oder drei Leuten hängen. Dann wird einem bewusst, wie teuer das ist. Und dass das nicht viele können. Der Vorteil ist, man kann direkt über den Eingang in den VIP-Bereich gehen. Und das sind dann immer zwei Emporen, und oben kommt man nur hoch, wenn man son VIP-Bändchen hat. Man nimmt keine Einzelgetränke, sondern direkt Flaschen. Also zum Beispiel 'ne Flasche Wodka, und dann meist ein Liter, oder drei Liter. So exorbitant groß. Halt Champagner oder ähnliches. Und das muss man sich ja erst mal leisten können.

Auf den Partys hat es natürlich auch 'ne Lässigkeit, einfach hochzugehen in den VIP-Bereich und dann über den anderen sozusagen zu stehen. Das ist wirklich geil. Man hat ja zum Beispiel immer Partyfotos. Und wenn wir dann, sag ich mal, zu zweit so 'ne 3, 4, 5 Liter Grey Goose, son Premium-Wodka, in der Hand halten, der kostet richtig Geld. Meine Eltern können damit nichts anfangen. Aber jetzt als Jugendlicher weiß man das direkt. Ich meine, ist schon so 'ne Sache. Sich am Abend so 'ne Flasche für 1 200 Euro zu holen. Insgesamt zu zwölf, es waren pro Person 250 Euro für den Silvesterabend. Das ist schon viel. Die Leute, die das machen, sind keine Asis in der Regel. Man sieht halt, dass jeder, der da rumtanzt, von Beruf Sohn ist, sozusagen. Weil die 19 sind und da kann man sich das nicht selber finanziert haben. Geht auch viel über Kleidung eben. So Marken wie Polo oder ähnliches. Hilfiger, Guess, Gucci, Prada, sowas eben alles. Luis Vuitton. Alles, was Geld kostet. Hier ist der Kragen hoch, das ist so 'n Zeichen. Klappen halt immer hoch. Daran erkennt man uns. Auf der Gegenseite gibt's halt auch Marken: G-Star oder zum Beispiel Dolce-Gabana-Fakes. Die sind zwar gefaked, aber überall steht Dolce Gabana drauf. Also, die haben auch ihre einschlägigen Marken. Wie wir Timberland tragen, tragen die Nike-Airforce-One-Schuhe. Wobei die auch nicht billig sind. Also, wie gesagt, das sind nicht durchgängig schlechte Haushalte oder verarmte. Eine neue G-star-Hose ist auch teuer. Ist ja auch 'ne angesehene Marke, wurde nur so von denen eingenommen. Die tragen die Mokassins häufig mit Hosen in den Socken.

Das hier ist von Polo, die Kappe ist von La Martina, die Hose von Boss, die Schuhe von Gent. Wenn man dann halt abends weggeht, zieht man sich die entsprechenden Gürtel an. Zwischen 200 und 500 Euro. Ist halt schon viel, wenn jemand einen Gürtel für 500 Euro anhat. Dadurch, dass man weiß, von welcher Marke die sind, erkennt man sofort, was die kosten. Ich kauf mir das nicht, um zu provozieren. Ich kauf es mir, um schick auszusehen. Dass man sich halt für Frauen schick macht, um dazuzugehören. So Dinger halt.

Gab da so 'ne Schickeria-Sendung im Fernsehen. Zwei Schüler von uns haben die nachgestellt: Einer spielte einen Adeligen, der schick gekleidet an einem Porsche lehnte. Ein als Bettler verkleideter Jugendlicher wird von diesem Dandy mit Geld beworfen. Das haben die mit ihren Handys aufgenommen und rumgeschickt. Haben uns dermaßen darüber aufgeregt. Gab einen Riesenkrach, auch von Seiten der Schulleitung. Was ich mal werden will? Wirtschaftsprüfer, Investmentfond-Manager, Consultant. So in dieser Richtung. Mein Bruder zum Beispiel ist in London in einem Internat. Das kostet soviel, da müssen andere Familien von leben. Das wird erst mal schwer, soviel zu verdienen, um sich das später erlauben zu können. Man muss ja eine vierköpfige Familie erst mal finanzieren können.

An der Ko, da knubbelt es sich
Die Leiterin eines Jugendtreffs kennt die Lage genau.

Wobei es das häufig gab, irgendwelche Auseinandersetzungen. Allein da vorne an der Ko, der Koblenzer Straße, ist ein beliebter Treffpunkt. Das ist da, wo die Busse halten. Da trifft man sich eigentlich immer so um 7, 8 Uhr, wenn's abends losgeht. Da sind ja auch direkt die Supermärkte, da holt man sich ein bisschen Alkohol. Da sind die immer alle, die ganzen Migranten. Und da gibt's immer so Aneinanderreibung. Gib mal Kippe oder so! Koblenzer Straße. Das ist so der Tiegel, wo alles zusammenschmilzt. Stadthalle, Kurpark zum Teil. Manchmal werden Situationen auch hochgeschaukelt, wo bei genauem Hinsehen gar nicht so viel passiert ist. Der eine macht den anderen an der Bushaltestelle an. Und die beschimpfen sich dann gegenseitig. Und stehen dann Nase an Nase gegenüber. Aber keiner der Kontrahenten schafft es zu sagen, ach komm, lass es. Der Gymnasiast geht später nach oben und erzählt den Eltern oder dem Lehrkörper, boa, das war so und so, und die sind dann in heller Aufregung. Und der andere Jugendliche, der ausländische, erzählt das dann seinen Freunden und die sagen, das lassen wir uns nicht gefallen. Und dann geht's einfach weiter. Und es ist keiner von den beiden Seiten bereit, das zu unterbrechen. Und wirklich mal zu gucken, was ist denn da eigentlich genau gewesen.

Bitte kein Blablabla nach 22 Uhr

Zwei Geschäftsleute der Bonner Strasse fassen ihren
Frust in Worte.

Ich bin Geschäftsmann, wohne im arabischen Viertel von Godesberg, an der Bonner Straße. Ich auch. Meine Familie betreibt
eine Garage. Wir leben jetzt in der vierten Generation hier, das
sind über 70 Jahre. Ich bin 2000 hier hingezogen und hab vorher
zwei Jahre lang das Haus renovieren lassen. Es war alles wun-
derschön. Im ersten Jahr, 2001, war noch alles ertragbar hier draußen, es war alles normal. Doch dann machte neben mir ein Telefonladen auf, ein arabischer Telefonladen. Nebenan, wo jetzt der
Telefonladen drin ist, war ganz früher 'ne Bäckerei. Und um die
Ecke war 'ne Metzgerei. Also für den täglichen Bedarf konnte
man hier auf dieser Straße alles kaufen. Gutbürgerliche Deutsche
wohnten hier. Zum Beispiel, wo jetzt der nächste Internetladen
drin iss, da war der Chinese. Einer der ersten Chinesen, die hier
überhaupt aufgemacht haben. Davor war da ein gutbürgerliches
Lokal drin, was meine Oma nach dem Krieg noch geführt hat.
Mit Kegelbahn und so wat allem.

Damals lebten hier noch viele Deutsche. Ein paar Türken.
Aber es gab keine Aggression, es war ein friedliches Miteinander
das Ganze. Ja, als dann dieser Telefonladen aufmachte, der arabische, da war das sehr schnell der Treffpunkt. Alles Marokkaner,
Algerier. Und meine Hausfassade war frisch gestrichen, in einem
hellrosa. Wunderbar! Es fing damit an, dass die pausenlos hier an
der Wand standen. Immer mit einem Fuß gegen die Wand, gegen
die Fassade. Daraufhin bin ich mal hingegangen, hab freundlich
gesagt, Leute, die Fassade ist gerade frisch gestrichen, könnt ihr
das mal lassen? O Entschuldigung! Aber das ging immer so weiter, und wenn man sich da beschwerte und sagte, lasst das bitte
sein, tut die Füße von meiner Fassade, normal, dann ging's dann

los, wurde das Haus bespuckt, dann hamse McDonald-Hamburger beschmiert auf die Fassade und irgend wann war ich es satt, da habe ich dann Schilder geschrieben. Also bitte! »Bitte kein Blablabla nach 22 Uhr!« Auf deutsch und arabisch.

Dann kam dazu, den ganzen Tag von morgens bis abends hört man hier diese Araber vor der Türe, und die unterhalten sich in einer anderen Lautstärke! Und wenn ich dann nachts mal runter gerufen habe, könnt ihr bitte mal leise sein, es ist nach zehn! Halt die Schnauze, willst was vor die Fresse?

Wir haben jetzt hier drei Telefonläden. Die stehen immer alle davor. Für mich unfassbar, wie man damit auch nur einen Euro verdienen kann. Das ist Lullifax. Dabei fahren die Burschen die tollsten Autos. Ich hab hier 'ne Hofeinfahrt, kann ich überhaupt nicht mehr benutzen, weil ständig stehen irgendwelche Autos davor. Wenn man hupt, die lassen sich extra Zeit und lassen einen dann warten und warten. Also, ein Zusammenleben mit diesen Arabern ist unmöglich.

Das Ende vom Lied ist, mein Eingangsschild wird abgerissen, mein Öffnungszeitschild, alles wird kaputtgemacht, draußen. En Hakenkreuz hamse mir aufs Tor geschmiert. Also ich hab dreimal seit 2000 die Fassade neu gestrichen und jetzt resignier ich. Weil ich keine Lust mehr hab.

Was wirklich sehr stört, ist, dass die Menschen auf der Straße keine Achtung haben, überhaupt kein Benehmen und dass sie sich einfach in ungebührendem Maße verhalten. Das heißt, man wird beschimpft. Es ist kein haltbarer Zustand. Die Polizeiwache hier in Godesberg ist in der Nacht sehr schlecht besetzt, sodass es sehr lange dauert, bis sie da ist, die Polizei. Wissen nicht, wie wir dagegen vorgehen können. Wenn ich 'nen Wagen abschleppen lasse, der auf meinem Grundstück steht, hab ich die Abschleppkosten zu tragen, direkt, und dann kann ich ne Klage gegen den Halter des Fahrzeugs erheben. Eine Mieterin von mir wurde tätlich angegriffen, wurde tatsächlich geschlagen, weil sie gewagt hatte, relativ lautstark sich den Weg zur Garage zu erkämpfen. Sie wollte mit dem Auto da rein. Das fand ich dann doch ein starkes Stück. Ja, ja, wir haben hier viele Polizeieinsätze.

Wenn sie früh morgens hier an der Bonner Straße vorbeigehen, sieht es oft aus wie auf der Kirmes, wenn gerade abgebaut wird. Die schmeißen grundsätzlich alles, was sie in den Händen haben, auf die Straße. Weil die ja hier auf der Straße leben. Die stehen ja von abends bis morgens praktisch hier draußen auf der Straße. Und alles, was sie in der Zeit essen, was sie trinken, landet auf dem Boden. Die gehen ja nicht in ein Restaurant. Die machen das alles draußen vor der Türe und schmeißen alles dahin. Bestenfalls schmeißen sie es bei mir übers Tor. Ich habe da einen Innenhof, auf dem landet der Müll dann. Das ist unerträglich.

Warum die so rumstehen, weiß ich nicht. Ob die wohl warten? Tja, ich vermute mal auf Drogen. Weil die häufig zur selben Zeit da stehen, sich sammeln und dann wieder verteilen. Auf einmal kommen schicke Autos vorgefahren, danach ist erst mal wieder Ruhe, dann kommen wieder schicke Autos angefahren, dann ist wieder Ruhe. Man kann nur vermuten, dass da mit Drogen gehandelt wird, oder mit Handys, vielleicht mit geklauten Handys. Frauen gibt es da überhaupt keine. Wo sind die eigentlich?

Jeder vernünftige Mensch würde sich in dieser Situation fragen, warum zieht der eigentlich nicht weg? Erstens deshalb nicht, weil es mein Eigentum ist. Ich bekomme es auch nicht mehr verkauft. Selbst die Grünen, die so für Multikulti sind, selbst denen ist es hier zu viel Multikulti. Die würden das Grundstück auch nicht kaufen. Das einzig interessante wäre, es an Araber zu verkaufen. Aber das will ich auf gar keinen Fall. Hier war mal einer, vor etwa zwei Jahren, der kam zu mir mit so einem Aktenköfferchen. Er meinte, er hätte gehört, ich wolle verkaufen. Dem antwortete ich: Ne, wie kommen sie denn da drauf? Oh, reagierte der, das wird meinem Klienten aber gar nicht gefallen. So auf die Tour, stand er da in der Tür.

Die ganze Situation geht auf die Psyche. Die ganzen Bekannten und Freunde, die ich hatte hier im Nachbarhaus, wo das alles anfing mit den Arabern, die sind nach und nach weggezogen. Als die Polizei hier war wegen der Graffiti auf meinem Haus, da meinten die nur, sie wissen ja, wo sie hier wohnen. Klar haben unsere Kunden Angst. Nur hab ich Gottseidank um fünf Uhr hier den Laden dicht. Ich arbeite ja jetzt schon seit ein paar Jahren mit geschlossenen Rollläden. Die kann ich gar nicht aufmachen. Denn sobald ich die aufmache, sitzen die Araber auf der Fensterbank und unterhalten sich da, also ein normales Arbeiten ist hier absolut nicht mehr möglich. Hier ist einfach eine gereizte Stimmung. Aber ich lass mir grundsätzlich nichts gefallen. Ich habe auch keine Angst. Wenn man die zeigt, dann wird es Zeit wirklich zu gehen.

Man kann den Leuten doch nicht den Mund verbieten

Der marokkanische Kulturverein an der Bonner Straße bemüht sich um Versöhnung.

Wir haben des Öfteren Nachbarschaftsprojekte auf der Bonner Straße gestartet. Man hat die Einladung nie erwidert. Am Tag der offenen Moschee kommen meist Leute von außerhalb. Möchten uns kennen lernen und möchten wissen, wie es ist. Die sind dann, Allah sei Dank, immer sehr positiv gestimmt nach Hause gegangen. Nur in der Nachbarschaft hapert es ein bisschen. Es ist nicht einfach.

Es ist schon vorgekommen, dass man sogar vor der Haustür steht und klopft und guckt, ob die Herrschaften daheim sind. Und versucht, mit denen zu sprechen. Es ist leider Gottes auch vorgekommen, dass die nicht reden wollten und einfach die Türe zugeknallt haben. Trotzdem muss man eine Entschuldigung für diese Menschen suchen. Vielleicht sind sie ja einfach nur genervt. Vielleicht haben wir Sachen übersehen, auf die man uns nicht aufmerksam gemacht hat.

Wenn Leute vor Garagen stehen, Zufahrten versperren, dann geh ich hin, sage, hey Leute, das geht nicht. Das Problem ist wirklich, dass der Vorstand den Leuten immer wieder entgegenkommt. Sogar das Freitagsgebet in zwei Runden geteilt hat, nur damit die Leute dann halt wirklich keine Parkplatzprobleme machen. Sind ja auch Menschen von außerhalb. Man versucht alles zu regeln, man versucht es so gut wie möglich zu machen. Man versucht auch wirklich, so wenig wie möglich an Gesprächen vor der Tür zu machen. Selbst der Iman hat schon beim Freitagsgebet die Leute ermahnt.

Es ist eine kunterbunte Straße. Vor allem in der Sommerzeit bleiben die Menschen länger wach und gehen auch ganz lange spazieren. Man wird diesen Menschen nicht den Mund verbieten können. Also da kann man als Nachbar machen, was man möchte. 70 Prozent der Besucher dieser Straße sind Menschen, die aus medizinischen Gründen hier sind, ein, zwei Monate bleiben und dann wieder nach Hause fahren.

Von Pariser Vorstadt-Verhältnissen noch weit entfernt

Die Polizei ist ratlos.

Diese Leute, die dort noch tätig sind auf der Bonner Straße, als Geschäftsleute der traditionellen Art, die fühlen sich verständlicher Weise verunsichert. Und wenn die Straßenzüge Haus um Haus verkauft werden, dann günstig von anderen aufgekauft werden, die dann Hotels oder Einmietanlagen schaffen, wo man nicht mehr weiß, wer vorne und hinten wohnt und das alles zu einer freien Zone wird, wo die Polizei nicht hin soll und vielleicht nicht hin darf in ihren Augen – da könnte es sein, dass es gefährlich wird in dieser Ecke. Meine persönliche private Einschätzung ist, dass wir schon Potential für erhebliche Auseinandersetzungen haben, auch auf der Straße. Kleine Ghettobildungen haben wir definitiv in einigen Gebieten. Aus meiner Sicht als Polizeibeamter hier aus Godesberg, wo ich seit Jahren schon Dienst mache, bin ich der Meinung, dass wir noch weit von etwaigen Pariser Verhältnissen entfernt sind. Aber ich bin kein Prophet. Mal sehen.

Vieles ist längst sehr verhärtet

Die Integrationsbeauftragte und ein Mitarbeiter von
city-marketing sorgen sich um Bad Godesberg.

Ich hab manchmal die Sorge, dass in Bad Godesberg alles untereinander sehr verfestigt ist. Die Moschee-Gemeinden haben sich
schon zurückgezogen, und viele Bürgerinnen und Bürger sagen
auch, ne, will ich nicht mehr. So wie in der Bonner Straße. Das
verhärtet sich schon sehr. Es gibt Frust bei Muslimen darüber,
dass man nur in Schubladen wahrgenommen wird. Dass man
doch eigentlich ganz anders ist. Es gibt aber auch Frust bei den
Muslimen untereinander. Die einen sagen über die anderen, das
ist nicht in Ordnung, dass die sich so abschotten. Es wird auch in
Bad Godesberg einen Teil Migranten geben, die sagen nein. Wir
möchten uns hier nicht beteiligen, und wir werden nicht zu gewinnen sein. Damit muss ich als Integrationsbeauftragte leben.
Das wird nicht zu verhindern sein.

Mit der Bonner Straße müssen wir uns beschäftigen. Zu den
Internetläden dort kann ich nur sagen, warum sind die denn da
alle nebeneinander? Wie kommt das zustande? Haben die alle
die Häuser gekauft? Kann ja sein. Glaube ich im Moment nicht.
Wäre aber möglich. An wen vermiete ich? Müssen sich Hausbe-
sitzer fragen, denn mit der Auswahl der Mieter bestimme ich
auch die Struktur einer Straße. Und bestimme auch, was da ab-
läuft. Alle beschweren sich, dass es da ein Internet-Café neben
dem anderen gibt und sich immer Horden von Männern davor
treffen, um zu rauchen. Wenn dann da mehrere in der Straße
sind, wirkt das auf Außenstehende wie ein Pulk. Da fühlt man
sich unwohl.

Wenn hinterher alle ihre Hände in Unschuld waschen über
bestimmte Ballungen, weiß ich nicht, ob das so die Lösung ist.
Man muss im Vorfeld stärker darauf achten. Es ist dringend not-

wendig, dass man ein Instrumentarium entwickelt, wie man mit solchen Konflikten umgeht. Das muss man professionell machen. Es müssen Leute hingeschickt werden, die die Moschee-Gemeinde zum Beispiel in die Pflicht nehmen. Liebe Mitglieder, haltet euch nicht immer draußen auf! Achtet ein bisschen auf die Nachbarn! Seht drauf, dass es hier sauber ist! Das kann man erwarten, da muss man nur kommunizieren.

Als Mitarbeiter von city-marketing sehe ich sehr wohl, dass die Bonner Straße ein Brennpunkt ist. Hoher Anteil von Migranten, vor allem Muslimen. Araber, Türken. Internet-Cafés, wo alles darauf hindeutet, dass das irgendwelche Geldwaschanlagen sein könnten. Für die Anwohner ist das besonders traurig, weil die Bonner Straße im Zusammenhang mit dem Straßentunnelbau aufgebessert werden sollte. Das war das größte Bonner Bauprojekt nach dem Krieg. Man hat gesagt, wenn dieser Tunnel, wenn diese zehn Jahre Bauarbeiten fertig sind, dann wird oben alles besser und dann werden wir die Bonner Straße zurückbauen, Allee-Charakter, die Lebensqualität der Anwohner wird sich entscheidend verbessern. Das Gegenteil war der Fall. Das ist für die Menschen, die dort leben, sehr traurig. Das Problem Bonner Straße zieht sich mittlerweile bis in die Godesberger Innenstadt, Koblenzer Straße, wo dann Dönerbuden, Araber-Ramschläden das Stadtbild verändern. Auch für das subjektive Sicherheitsgefühl der Leute ist das nicht besonders gut.

Ich muss auch ab und zu hier im Haushalt helfen

Eine Ako-Schülerin aus dem Villenviertel kennt die gleich um die Ecke liegende Bonner Straße nicht.

Ich bin 16 Jahre alt und gehe in die zehnte Klasse. Habe Französisch, Latein und Englisch. Will vielleicht mal was mit Eventmanagement oder mit International Business machen, wie meine Schwester. Auf jeden Fall will ich studieren. Mein Notendurchschnitt ist 2,8. Mittags esse ich in der Schulmensa, danach gehe ich nach Hause, mache Hausaufgaben. Nachmittags habe ich noch einen Zusatzkurs in Deutsch, Englisch und Mathe. Ich mache viel Sport, reite, spiele Tennis im Sommer. Meine Freunde sind fast alles Deutsche, ach ja, mhh, einer kommt aus Korea, einer ist Halbtürke – aber aus sehr reichem Elternhaus.

Ich muss auch ab und zu hier im Haushalt helfen. Also, es ist nicht so, nur weil heute unsere Putzfrau und der Gärtner da sind, ich nicht manchmal auch die Wäsche runterbringen muss. Ich muss auch meine Schuhe putzen und ab und zu muss ich selbst bügeln. Also, ich kriege jetzt nicht alles gemacht.

Die Marokkaner, die hier so rumlungern, kenne ich fast alle aus der Grundschule. Da waren fast nur Ausländer in meiner Klasse. Die kennen auch noch meinen Namen, rufen ihn, wenn ich an ihnen vorbeigehe. Wenn ich die sehe, dann kriege ich halt schon Angst. Ich wurde auch schon mal geschlagen. In Köln war das. Da bin ich mit einer Freundin ausgegangen, abends, und wir hatten auch beide teure Kleidung an. Aber wir haben nichts gesagt oder sonst was. Und dann haben wir uns im Bus hingesetzt. Andere Mädchen waren in dem Bus. Und die haben die ganze Zeit gesagt, dass sie sich das nicht leisten könnten und ob wir deshalb denken würden, dass sie was Schlechteres sind. Von hinten nach vorne haben die das gerufen. Wir sind dann nicht drauf eingegangen und haben uns weiter unterhalten. Und die haben meine Freundin die ganze Zeit an den Haaren gezogen. Und die eine meinte dann, ich schlag euch gleich. Und wir haben gar nichts gesagt, mussten nur manchmal lachen, weil die in so einem komischen Deutsch geredet haben und auch ohne Grund uns die ganze Zeit beschimpft haben und über uns geredet haben. Da stand dann noch ein Mann, der sagte, es sei ja ok, dass wir einen Burberry-Schal tragen. Aber nicht ok sei, dass wir uns so geschminkt hätten. Wir hatten beide ne Luis-Vuitton-Tasche mit. Und dann haben die halt gesagt, oh, Luis-Vuitton-Tasche, Burberry-Schal, sowas können wir uns nicht leisten. Aber wir haben ja nichts gegen sie gesagt, überhaupt nichts, gar nicht. Und dann sind die rausgegangen und dann hat die eine mir ins Gesicht geschlagen. 280 Euro kostet so ein Schal, die Tasche fängt bei mindestens 200 Euro an. Ich trag genauso H&M und Zara, wie die das tun. Ist nicht unbedingt ein Problem für mich. Der Zara-Pulli kostet zum Teil auch nur 12 Euro, kostet weniger als der Pulli, den die tragen. Aber die fassen das als was anderes auf. Die tragen so goldene Gürtel, Kreolenohrringe, Hosen, blaue Jeans mit so Abwaschungen drin, goldene Nieten, Sweatshirtjacken in so bunten Farben. Auch so Pullis in so 'nem komischen Stoff. Wir treffen uns ja häufig abends, bevor wir weggehen, an der Koblenzer Straße und da stehen die Jugendlichen auch schon rum. Und man wird auch jedesmal angesprochen von denen. Die Jungs machen einen an. Geile Sau! Eh, eh! und dann pfeifen die so, bis man sich umdreht. Wenn du mit mir kommst, lad ich dich den ganzen Abend ein! Neulich saß ich in der Straßenbahn abends, und da saßen zwei Jungs. Die kamen auch aus ärmlicheren Verhältnissen, waren auch Ausländer. Waren aber supernett und freundlich. Und ich hab mich mit denen auch ganz normal unterhalten. Viele Erwachsene haben dann komisch rübergeguckt, weil ich mit denen geredet hab. Und dann ging es darum, dass sie in die Shisha-Bar gehen wollten. Wenn die sich das teilen, ist das für jeden einen Euro. Und die hatten das nicht.

Angst vor Arbeitslosigkeit habe ich nicht. Nicht sonderlich, ne. Ich weiß nicht, klar, könnte das passieren. Aber, sonst, keine Ahnung, ich hab ja auch Eltern, die mich unterstützen. Mein Vater kennt auch viele Leute. Und ich glaub, ich geh nicht davon aus, dass ich gar keinen Job finden werde, später. Ehrlich gesagt habe ich noch nie mit dem Gedanken gespielt, Hartz IV-Empfänger werden zu können.

Später hätte ich gerne ein schönes Haus. Eine Familie. Dass ich halt immer in Urlaub fahren kann. Ins Hotel. Im Winter halt Skifahren, im Sommer an den Strand. Ein Pferd wollte ich früher immer haben, das ist nur so zeitaufwendig. Ja, sowas. Mit Golfspielen habe ich vor eineinhalb Jahren angefangen. Jetzt im Sommer fang ich wieder an. Weil meine Eltern auch spielen und ich da Mitglied bin. Ich weiß, dass ich jetzt die Grundsteine für mein Leben baue und gucken muss, dass ich auch in der Schule gut bin. Ich weiß, dass das nicht alles so angeflogen kommt.

Klar, ich weiß das, was ich habe, schon zu schätzen. Ich finde es schön, hier in dieser großen Villa zu wohnen, auf eine gute Schule zu gehen, die ich nicht danach aussuchen muss, wie viel sie kostet. Und dass ich auch Nachhilfe von meinen Eltern bekomme, die auch meine Hobbies bezahlen. Meine Eltern machen mir schon deutlich, dass das alles nicht selbstverständlich ist.

Die Bonner Straße? Ich weiß noch nicht mal wo die ist, ehrlich gesagt.

Jeden Euro für die Flucht zur Seite gelegt

Aus dem Alltag einer Migrantin

Ich heiße Diana, bin 29 Jahre alt. Meinen Mann habe ich drei Tage vor meiner Hochzeit zum ersten Mal gesehen. Das entscheiden bei uns die Eltern. Die haben ihn ausgesucht. Ein Jahr nachdem ich geheiratet hatte, bin ich aus Palästina nach Deutschland gekommen. Er war kein schlechter Mensch, er war nur krank. Er hat Alkoholprobleme gehabt. Erst als ich nach Deutschland kam, habe ich das mitbekommen. Es war keine gute Zeit. Ich hab es zwölf Jahre mitgemacht. Und nach zwölf Jahren habe ich entschieden, mich zu trennen. Wir wollten uns beide nicht heiraten. Er hat eine deutsche Frau geliebt, war mit ihr verlobt. Aber die Familie hatte ihn gezwungen, mich zu heiraten. Es war schrecklich. Durch die Trennung mit ihr wurde seine Krankheit noch schlimmer. Da sind dann noch harte Sachen, Drogen ins Spiel gekommen. Wenn es deswegen zu Streitigkeiten kam, hat er mich geschlagen.

Für mich war es schwierig, von ihm wegzugehen. Ich hänge sehr an meiner Familie. Es ist wichtig für mich, was meine Familie denkt. Sonst verliere ich sie, was ich nicht will. Ich hab drei Kinder. Aus Liebe zu meinen Kindern habe ich mich getrennt. Ich tue jetzt alles, damit es meinen Kindern gut geht. Mein Mann war ein liebevoller Papa. Aber er war krank.

Deutsch habe ich mir selber beigebracht. Ich habe versucht, mehr Fernsehen zu gucken. Die Worte, die ich da gelernt habe, im Buch zu nachzulesen. Ich wollte in der Schule lernen. Aber da dort Männer und Frauen zusammen sind, hat mein Mann es mir es nicht erlaubt. Einmal war eine Frau vom Jugendamt bei uns und hat gesagt, ich kann im Frauentreff gut die deutsche Sprache lernen. Ich war drei Wochen dort, bis das seine Schwester mitgekriegt hat. Hat behauptet: Sie lernt dort nicht Deutsch, sondern wie sich Frauen gegen unsere Kultur wehren können. Und damit durfte ich auch nicht mehr zum Frauentreff.

Ich bin geschlagen worden, weil man im Frauentreff ein Foto gemacht hat. So was ist einfach verboten. Im Kino war ich noch nie in meinem Leben. Einkaufen durfte ich gehen. Ich durfte keine Freundin haben, war immer in der Wohnung. Ich durfte nur zum Arzt gehen und dann wieder nach Hause kommen.

Das Geld für meine Flucht habe ich mir bei jedem Einkauf gespart, immer einen Euro zur Seite gelegt. Dabei hat mein Mann alles streng kontrolliert. Wenn ich das Geld nicht komplett zurückgegeben habe, wurde ich geschlagen. Ich musste Kassenbons vorlegen.

Kinopolis – die Mauer zwischen arm und reich

Die Zeit, als Kinobesucher angepöbelt wurden, scheint vorbei zu sein.

Im letzten Jahr hatten wir ca. 600.000 Besucher in unserem Kino. Es gab zu Anfang Probleme dadurch, dass Jugendliche in den Vorstellungen gestört haben, bewusst auch laut gewesen sind. Es waren meistens so Gruppen, Einzelpersonen gar nicht, sondern nur in der Gruppe fühlt man sich halt stark. Deutsche und Ausländer, hauptsächlich 12 bis 16 Jahre. Die haben bewusst während der Vorstellung laut geredet, Füße über die Sitze gehängt, Popcorn rumgeschmissen, und halt andere Gäste belästigt. Wir haben daraufhin Saalkontrolle gemacht, Hausverbote erteilt und seitdem ist das Problem bei uns nicht mehr so. Als noch zu Zeiten der Bundesregierung hohe Polizeipräsenz da war, gab es das eh nicht.

Es fing damit an, dass die Drogenkriminalität zugenommen hat. Es wurden fast schon öffentlich Drogen angeboten. Leute wurden ausgeraubt. Bei uns versuchte man, den Gästen Bargeld zu entwenden. Da konnte mal eine Person gefasst werden, aber auch erst durch große Mithilfe unseres eigenen Sicherheitspersonals. Die Polizei wäre zu spät gekommen. In diesen Gruppen sind Deutsche, Türken, Italiener, alle Nationalitäten.

Gesindel scheut Licht. Und wenn ich dunkle Ecken habe, gebe ich ihnen auch eine Plattform, wo sie sich aufhalten können, um unerkannt zu bleiben. An der Front des Hauses wurde verstärkt Licht angebracht. Wir haben verstärkt Personal eingesetzt, das auch Kontrollgänge im Haus und rund herum macht. Wenn man erkennen kann, die wollen nicht ins Kino, werden die gezielt angesprochen und gefragt, was sie hier machen. Und wenn se nicht ins Kino wollen, verweisen wir sie des Grundstücks. Alles was rundherum gepflastert ist, ist unser Eigentum. Dann verstärkt Personeneinsatz, Kontrolle des Hauses von außen und von innen. Und dadurch, dass wir gewisse Notausgänge haben müssen, wurde das so gestaltet, dass wirklich nur die Notausgänge von innen betätigt und nicht mehr von außen geöffnet werden können.

Es war der Eindruck entstanden, dass das Kinopolis die Grenze ist zwischen arm und reich. Das Villenviertel fängt ja da vorne an, und da vorne war halt sehr viel diese Unterschicht. Auf der Bonner und der Koblenzer Straße. Die Mauer zwischen arm und reich. So ne Festung. Und klar, die Jugendlichen aus dem Villenviertel haben ganz andere Möglichkeiten sich zu betätigen. Dadurch, dass sie in gewissen Vereinen sind oder wegfahren können, Urlaub machen können, mehrmals im Jahr als andere. Das ist natürlich ne soziale Frage auch.

Ich glaube, dass Godesberg sich jetzt positiv entwickelt. Die negativen Schlagzeilen haben nach meiner Meinung nachgelassen. Die waren vor zwei, drei Jahren viel schlimmer. Dass Fahrräder geklaut wurden, dass Schlägereien aufkamen auf dem Platz da drüben oder in den Seitengassen, das ist in den letzten zwei Jahren mir nicht mehr bekannt geworden. Die Stadt, die wird belebter, heller. Und was ich schon sagte – Gesindel geht da hin, wo es dunkel ist. Godesberg erwacht wieder. Erwacht mit Leben und dadurch ist dieses Slum-Gefühl nicht mehr da. Dieses Hertie-Center war ja über fünf Jahre nicht bewohnt. Und in den alten Parkhäusern haben die sich aufgehalten, ohne dass sie gestört wurden.

Rumhängen kann gefährlich sein

Zwei Päda-Schüler müssen aufpassen, wohin sie gehen.

Wenn ich mit Freunden unterwegs bin, hängen wir in der Stadt so rum, reden ein bisschen miteinander, chillen. Wir gehen auch in ein paar Läden und gucken uns einfach die Sachen an. Ein paar unserer Freunde sind halbausländisch. Aus der Schweiz, ich weiß es nicht genau. Araber und Türken eher nicht. Bei uns in der Klasse sind eigentlich ganz viele Ausländer, aber nicht so aus dem östlichen oder südlichen Bereich, sondern eher so aus Europa. Irland. Frankreich.

Da hinten an der Bushaltestelle bin ich ausgestiegen. Und da waren zwei ältere, ungefähr 16 Jahre alt. Und die kamen mir entgegen, als ich auf meinem Heimweg war und haben mich einfach so angesprochen, nett eigentlich. Und dann haben die nach meinem Handy gefragt. Portemonnaie. Wo ich wohne und da ahnte ich schon, was kommt, und war unsicher und habe nicht geantwortet. Und dann bin ich weiter gegangen. Einer ist hinter mir hergelaufen und hat mich ins Knie getreten. Hat einfach meinen Rucksack weggeworfen. Und du sagst mir das nächste Mal die Wahrheit, hat einer gebrüllt.

Mein Freund war auf dem Weg nach Hause. Da kam halt jemand, den hat er vielleicht doof angeguckt. Dann haben die sich gestritten, also mit Worten beworfen. Dann fingen die an, handgreiflich zu werden. Der wurde ins Gebüsch geworfen. Zweimal mit der Faust aufs Auge gehauen. Seine Netzhaut hat was abbekommen. Seine Eltern haben Anzeige erstattet. Das waren Typen aus der HC-Gang, der Heiderhof Crew. Die ist ziemlich groß, so 20 bis 30 Leute sind da drin. Teilweise sind die älter als 18. Von denen habe ich, seitdem das passiert ist, mehrere Drohungen bekommen.

Der Hausmeister unserer Schule hat mich und meinen Freund

gewarnt, wir sollten nicht so einfach über den Heiderhof gehen, weil die anscheinend bewaffnet sind, sich Schlagringe und sowas zugelegt haben.

Einmal saß ich im Bus, da stiegen so zehn von der Heiderhof Crew dazu. Setzten sich auf dem Vierersitz mir gegenüber. Ich konnte jedes Wort verstehen. Hörte, wie die sagten, wir haben wieder eine Anzeige von deinem Freund bekommen, den hauen wir zusammen. Es waren alles Deutsche, die ich auch kenne. Es sind Deutsche, die das machen. Vor Kurzem wurde bei uns in der Garage eingebrochen und die Golfschläger geklaut. Zwei Tage später sahen wir einen Jungen, der war sogar noch jünger als ich, der hatte einen Golfschläger in der Hand. Hat damit so rumgespielt wie mit einer Waffe. Ich habe am Heiderhof eine Art Grenze, bis dahin fühle ich mich sicher. So um Edeka herum sind die meisten Wohnhäuser, in denen diese Leute herumhängen. Noch habe ich keine Angst im Heiderhof, da sind immer Leute unterwegs. Man wird überall von den Häusern aus gesehen.

Medinghovener Rap
Radikal Recordz, Medinghoven

das ist mein ghetto wir kennen keine liebe
kanakenwelt kann jetzt keiner besiegen
ihr seit miskin und seit alle geschieden
babas im land wir tun alles genießen
moruk du brauchst gar nicht zu reden
denn auf der straße kenne ich kein benehmen
ich bin zurück und komme immer wieder
kurdischer löwe italienischer tiger
ich brauche parra und werde geisteskrank
ich mache jackys weil ich es am geilsten kann
mv is gefährlich weil man geiseln fand
du redest mir von ghetto dann beweises mann
ihr wisst nix von uns ich kenne alle banditen
ich zähle mein geld viel schneller als maschinen
ich mach was ich will ich kenn keine regeln
geht es um geld lass ich keinen mehr reden

Andrea, Ali und Mussa

Drei Migrantenjugendliche über Wut, Gewalt und die Macht
einer Gang

Ich komme aus Italien und heiße Andrea.
Ich von der Elfenbeinküste und heiße Mussa.
Ich bin in Algerien geboren und heiße Ali. In Oran. Mit zwei-
einhalb Jahren kam ich hier nach Deutschland. Warum meine Eltern nach Deutschland gekommen sind, weiß ich gar nicht so
genau. Sie dachten wohl, für uns Kinder gibt es in Algerien keine
gute Zukunft. Mein Vater war normaler Arbeiter auf einer Bau-
stelle, jetzt ist er selbstständig. Er ist Besitzer eines Internet-
Cafés. Ich helfe ab und zu meinem Vater aus. Ich bin selbst in der
Berufsschule. Ich hab nach der neunten Klasse mein Abgangs-
zeugnis bekommen. Das war nicht wegen Dummheit, sondern
wegen Faulheit. Ich hatte Ärger mit dem Direktor. Ich hatte mich
mit dem seit der fünften Klasse nicht gut verstanden. Er hatte immer schon ein Kick auf mich. Ich war halt knallaggressiv und
wild. Damals war ich noch klein und hatte immer Schlägereien.

Mussa: Der erste Eindruck von Deutschland war eigentlich
positiv. Man kennt die Leute ja nicht. Kommt von der Elfenbeinküste hier hin und alles ist ganz anders. Am ersten Schultag,
da merkt man das schon alles. Dass man anders ist. Direkt wird
man angemacht. Damals war ich noch klein und hab mit jedem
geboxt. Damals hab ich das nicht verstanden. Nach einiger Zeit
hab ich gemerkt, das bringt dir nichts. Die meisten Menschen
sind einfach so. Muss man einfach lassen.

Ja, mit Schokolade fing das an schon in der Grundschule. So
nannten die mich. Ich hab mich richtig aufgeregt und hab mich
mit einem geprügelt. Aber ab der fünften Klasse hab ich gemerkt,
es bring nichts. Meine Schwester hat es, glaube ich, leichter als
ich gehabt. Die ist von Anfang an direkt mit denen aufge-

wachsen. Also die sind zusammen in den Kindergarten. Ich kam direkt in die vierte Klasse. Habe kein Wort verstanden. Man wird immer daran erinnert, dass man anders ist. Du Schwarzer. Wenn das Licht ausgeht, man sieht dich gar nicht mehr. Wo bist du? Aber ich hab mich damit langsam abgefunden. Kommt darauf an, wer es sagt, wie man es sagt. Man kann auch über sich lachen. Aber wenn einer übertreibt, dann werd ich auch manchmal sauer.

Ali: Früher hat mein Vater als Gebäudereiniger gearbeitet. In Teilzeit. Jetzt hat er Probleme mit dem Rücken, kann nicht mehr arbeiten. Meine Mutter ist Hausfrau, hat sieben Kinder.

Mussa: Die Menschen in meiner Heimat waren viel herzlicher. Von Natur aus. Daran musste ich mich hier erst mal gewöhnen. Dass es nicht so ist. Die Menschen bei mir zu Hause, die lachen aus dem Herzen. Die sind einfach freundlich, gastfreundlich.

Andrea: Es gab Streit. Ich schäm mich schon, das zu sagen. Es ging um ein Mädchen. Ich kannte sie gar nicht. Sie kam zu mir und hat mich mit ner Flasche Wasser nassgemacht. Das war gar nicht so tragisch. Ich dachte, wenn sie mich nass macht, mach ich sie auch nass. Bis ich dann ihr Auto nass gemacht hab und sie auf mich zugekommen ist, mit zwei anderen Mädchen. Die drei haben mich attackiert, angegriffen. Ich konnte dem nicht aus dem Weg gehen. Weil sie mich geschubst haben, festgehalten haben und draufgehauen haben. Bis ich die Geduld verlor und sie von mir weggeschlagen hab. Die Polizei kam und der Krankenwagen. Ich habe wohl aus Wut etwas härter zugeschlagen. Weil ich das nicht eingesehen habe, dass Mädchen, die mich nicht kennen, einfach handgreiflich werden. Aber es war nicht meine Absicht. Ich bin kein Mädchenschläger. Aber ich meine, es ging zu weit. Ich hab ne Anzeige bekommen wegen schwerer Körperverletzung. Und da wurde nicht gesehen, dass die angefangen haben, sondern da wurde einfach gesehen, dass ich ein Junge bin, und alles wurde mir in die Schuhe geschoben.

Mussa: In Medinghoven hat alles angefangen, als ich in die fünfte Klasse kam. Ich habe hier Schlägereien kennengelernt. Von den Leuten hier, aber auch, wie man klaut. Es gibt Leute, die halt auf eine andere Art und Weise schon kriminell sind und klein angefangen haben. Das ist in Medinghoven so ein Ghetto. So wie in Tannenbusch. Man fängt irgendwie klein an, kriminell zu sein. Ja, und wir haben klein angefangen.

Ali: Bei mir war es auch so. Ich war schon mit fünf, sechs so aggressiv. Damals hatte ich schon meine zweite Klassenkonferenz. Bei der dritten fliegt man raus. Und das ist selten, dass einer schon mit sechs zwei Klassenkonferenzen hat. Ich hab mich rumgeschlagen. die meisten hier in Medinghoven waren da in der Hauptschule zusammen. Die meisten Ausländer sind auf Hartz IV. Ok, ein paar unserer Eltern arbeiten auch. Schön und gut. Hat nicht gereicht. Und wir haben uns manchmal das geholt, was wir wollten. Haben wir uns rausgeholt. Wenn die Leute das nicht geben wollten, haben wir sie unter Druck gesetzt. Aggressiv. Wir lassen uns nichts gefallen. Wir sind halt nicht die, die sagen, der Klügere gibt nach. Sondern, wenn wir angegriffen werden, ob moralisch oder körperlich, hauen wir drauf oder beleidigen zurück.

Andrea: Haben einen Jungen ein bisschen gemobbt. Wir hatten keine Handys, keine MP3-Player. Und der war ein reicher Junge. Hatte viele Sachen. Und er hatte halt Sachen, die wir nicht hatten. Wir waren eifersüchtig und dachten, warum hat der das und wir nicht. Er war bei uns auf der Schule. Wir wurden immer als kriminell gesehen auf unserer Schule. Den haben wir erpresst. Haben zu ihm gesagt, gib deinen MP3, gib dein Handy. Schon von klein an. Damals wurden wir anders behandelt als die anderen Schüler. Wurden immer als zweite Wahl angesehen, waren immer nur zweite Wahl. Wenn was veranstaltet wurde, waren wir nie dabei. Weil wir immer als Kriminelle gesehen wurden. Du hast damals das und das begangen. Auf dich ist kein Verlass.

2008 hatte ich eine weitere Verhandlung, habe drei Jahre auf Bewährung bekommen.

Ali: Zur Schule bin ich regelmäßig gegangen. Hab meinen Abschluss nach der Neunten. Jetzt Abendrealschule. Hab ich mich gestern angemeldet. Haben mich getestet und angenommen. Bist schon gut, warum hast du bisher alles so vermasselt? Ich habe mich vermasselt, weil ich wollte unbedingt Geld. Gar kein Geld damals. Nichts.

Mussa: Ich konnte damals auch kein Deutsch. War sehr schwer zu lernen für mich. Aber zum Glück kann ich das jetzt. Zum Glück hab ich nur vier Schwestern und zwei Brüder. Ein Bruder ist klein. Der ist sechs. Der geht zur Schule und ist gut darin. Aber der andere hat einmal was Falsches gemacht. Aber seitdem hab ich den hart misshandelt. Ich hab ihm eine Strafe gegeben. Seitdem macht er nichts mehr. Er nimmt mich nicht als Vorbild. Ich hab mit ihm darüber geredet. Nimm niemals mich als Vorbild!

Ali: Ich hab angefangen, Drogen zu nehmen. Haschisch. Und irgendwann dachte ich, mit Drogen kann man auch viel Geld machen. Hab ich Drogen verkauft. Aber dann … nie wieder mit so was. Hab ich aufgehört. Mit Drogen nicht zu tun. Nichts mehr. Seit vier Jahren. Ein sehr guter Freund von mir ist an Drogen gestorben. Seitdem hab ich geschworen, auch auf meine Religion, dass ich nie mehr was mit Drogen zu tun haben werde.

Mussa: In der Shisha-Bar in Bad Godesberg, da bin ich oft mit meinen Jungs. Weil da kann man seine Ruhe haben. Chillen da ein bisschen. Mit den BadGos haben wir uns da vertragen.

Typisch für Ausländer sind schwarze Haare, aggressiver Blick, wie man sich kleidet. Da erkennt man schon, dass er ein Ausländer ist. Wie er sich verhält, sein Benehmen. Meistens will er der Stärkere sein. Er lässt sich nichts gefallen. Achtet auf Ehre. Ein ausländischer Junge hat zum Beispiel eine Schwester. Und die Schwester hat einen Freund. Dann versteht der Junge überhaupt keinen Spaß. Weil dann hat der Junge seine Ehre, denn die Schwester zählt als Ehre. Wenn jemand versucht, seine Ehre zu verletzen, dann wird auch getötet. Wenn ein deutscher Junge zum Beispiel eine Schwester hat und die Schwester hat einen Freund, ich glaub, der deutsche Junge würde sagen, ja Hauptsache sie ist glücklich. Weil er sieht seine Schwester nicht als Ehre.

Wenn zum Beispiel einer meine Schwester oder Cousine anmacht, dann telefoniert man. Geht zu dem mit unseren Leuten und klärt die Sache. Paff, Paff. Sobald es um Mutter geht, um Familie, dann muss dies Paff sein. Einfach in die Fresse rein. Wenn die Leute über Familie reden. Aber jetzt im Moment, wo wir uns ändern. Wir sind gerade am ändern, unsere Zukunft und so. Wollen wir erst mal normal reden. Wir haben nicht mehr so viel Stress wie früher. Wir lösen die Probleme jetzt anders. Mit reden.

Ich bin auf dem richtigen Weg zur Zeit. Wenn ich so seh, wie die anderen das tun, dann erinnere ich mich an meine alten Zeiten. Ich wollt mit den reden, bevor es so endet wie bei mir. Im Knast. Da red ich manchmal mit denen.

Andrea: Ich hab jetzt abgenommen. Zu viel Stress. Ich war auch im Knast. Ich war vier Monate. Wegen Erpressung. Betrug. Entweder du gibst mir oder ich schlag dich. Zur Zeit also Hartz IV. Es geht auf mein Elternkonto.

Die Ausländer sind viel hilfsbereiter als die Deutschen. Die deutschen Nachbarn damals wollten nichts mit uns zu tun haben. Wir wollen nur für uns allein sein! Haben sich immer eingeschlossen. Bei uns gibt's dieses Opferfest, meine Mutter backt viel, kocht viel, gibt auch mal den Nachbarn was ab. Probieren Sie mal hier und wollen freundlich sein. Bei uns gibt's so was. Aber die Deutschen tun nie so was. Nä, wir wollen das nicht. Nein danke. Tschüs. Aber es gibt auch Deutsche, die sind übertrieben nett. Die sehen, dass Ausländer Probleme haben. Die helfen auch mit.

Ali: Ich war schon zweimal im Jugendknast, bin jetzt auf Bewährung drei Jahre lang, und ich hab immer Termine mit meinem Betreuer. Ich will meine Zukunft nicht kaputt machen. Ich will meine Eltern nicht enttäuschen. Und ich hab gemerkt, das macht meine Zukunft kaputt. Und das haben unsere Freunde auch gemerkt. Deswegen wollen wir das ändern. Das geht. Wenn einer kein Bock mehr drauf hat, dann lässt der sich nicht mehr so oft blicken. Der sagt da nichts. Der lässt sich nicht mehr so oft blicken und macht sein Ding oder seine Schule. Man zieht sich einfach zurück. Man sieht sich halt nicht so oft. Und wenn man beschäftigt ist, man macht andere Dinge. Man ist im Fitness angemeldet. Und man verbringt Zeit dort. Oder man hat ne Freundin und verbringt mit ihr Zeit. Dann lässt man sich nicht so oft blicken, dann passieren weniger Sachen. Wenn man sich zurückziehen will, dann soll man sich einfach zurückziehen. Wir sind auf keinen angewiesen. Wer sein Ding machen will soll sein Ding machen. Wer sich zurückziehen will, soll keinen Scheiß mehr bauen. Finden wir auch gut. Jetzt. Finden wir auch sehr gut. Wir laufen keinem hinterher und rufen bleib hier, bleib hier.

Ich kenn auch Deutsche, die sind richtig asozial, sind so wie Ausländer. Anormal asozial. Wir sind hier einfach aufgewachsen. Wir sind aufgewachsen wie die meisten Ausländer. Die Ausländer verstehen sich. Der eine kommt aus Algerien, der eine ist Kurde, der andere ist Albaner, der eine Somalier, der andere ist Araber, ist dies und das. Sie merken, wir sind Ausländer und halten auch zusammen. Das hat mit Deutschen nichts zu tun.

Mussa: Andrea ist kein Moslem. Trotzdem respektieren wir ihn, sind Freunde. Da gibt's nicht viel zu sagen, weil Religion spielt ne große Rolle, ist sehr wichtig, aber alle Religionen werden respektiert. Das ist nicht so, du bist kein Moslem, deswegen gehörst du nicht dazu. Zum Beispiel, ich bin ein Moslem. Der Andrea ist ein Christ und der ist mit uns auch hier aufgewachsen. Wir respektieren ihn, wie er ist. Und er ist unser Freund.

Andrea: Wenn Mussa seine Ehre oder Familie verteidigt, das kann ich auf jeden Fall nachvollziehen. Weil das hat nichts mit

Religion zu tun. Das heißt nicht, dass alle Moslems Gewalttäter sind. Es kommt darauf an, wie die Familie ist. Wie die Tradition ist. Die Tradition ist so, dass man die Eltern liebt über alles, man würde alles machen für die Familie, und wenn irgendwas gegen die Familie gemacht wird, dass dann jeder sich dafür einsetzt. Wozu gehen unsere Väter alle schuften. Für uns, für die Familie. Damit wir eine Zukunft haben, damit wir zu Hause was zum Essen haben. Damit es uns gut geht. Die Familie ist das, was du im Leben nur hast.

Mussa: Ich bin religiös. Aber ich hab bei der Religion so ein bisschen nachgelassen. Das Beten hab ich ein bisschen nachgelassen. Die Freitagsgebete. Wenn die Fastenzeit kommt, dann faste ich sowieso. Ich bin stolz auf meine Religion.

Ali: Wir kommen aus Medinghoven, wir sind Medinghovener. Wir sind stolz, Medinghovener zu sein. Wir halten zusammen, wir chillen zusammen. Wir verstehen uns eigentlich mit Deutschen. Kommt drauf an. Es gibt zum Beispiel Deutsche, ist mir öfter begegnet, ich hab mal öfter Auseinandersetzung mit Nazis gehabt. Oder mit Leuten, die zu mir sagen, ich bin ein Rassist: Fick dich, du Ausländer. Geh in dein Scheißland zurück. Und das kann ich nicht ab.

Also wir Ausländer fühlen uns eigentlich ehrlich gesagt nicht gut behandelt von den Deutschen. Nicht von allen. Von manchen. Zum Beispiel mit unseren Lehrern verstehen wir uns. Aber auf der Straße, wenn wir zum Beispiel mit dem Bus fahren oder egal was, da wird man einfach anders angeguckt. Weil es sind viele Leute hier, die nach alten Traditionen leben. Viele Deutsche, die früher so dachten, der ist deutsch, der ist blond. Der wird anders gesehen. Das ist halt so, dass wir uns vernachlässigt fühlen und anders behandelt fühlen. Deshalb lassen wir unsere Wut, unsere Rache mit unseren Texten raus. Damit wollen wir erklären, wie wir uns dabei fühlen, wenn wir so behandelt werden.

Ali: Manchmal kommen rassistische Ausdrücke. Man muss sich damit auseinander setzen können. Neger und so was. Bin schon dran gewöhnt. Der Busfahrer fährt einfach weg, obwohl er warten könnte. So was zum Beispiel. Man steht schon davor. Er macht die Tür zu und fährt einfach weiter. Eiskalt so. Solche Sachen. Man möchte manchmal schon weg. Aber manchmal möchte man auch hier bleiben.

Mussa: Ich trink nicht. Ich bin ja Moslem. Kiffen auch nicht. Ist nicht mein Ding. Einfach mit Freunden rumhängen. Fußball spielen. Solche Sachen. Einfach rumhängen mit all den Leuten. Das sind einfach Freunde, die zusammen rumhängen.

Ich find, die sind selber schuld, wenn die Jugendlichen heute so gewalttätig sind und Scheiße bauen. Weil, es gibt keine Alternative für die. Die haben nichts zu tun. Die hängen nur auf der Straße rum. Was sollen die machen, außer Scheiße bauen. Die verbieten alle Fußballplätze, die's hier gab. Man darf nirgendwo spielen. Und was sollen die machen? Von klein an wissen die schon nicht, was sie machen sollen. Hängen auf der Straße rum. Und dann ist immer einer dazwischen, der Scheißideen hat und so. Dann zieht er die anderen mit. Ich find, der Staat ist selber schuld.

Andrea: Wir haben Anfang 2003 angefangen, zu rappen. Mit unseren Liedern haben wir das wiedergegeben, was wir alles erleben. Was wir draußen erlebt haben. Weil wir haben viel Scheiße erlebt, viel Scheiße gemacht. Deswegen sind die meisten unserer Lieder auch radikal. Und jetzt seit kurzer Zeit haben wir unsere Band Radikal Recordz genannt, weil das umfasst unser Thema. Weil wir radikal sind. Jetzt versuchen wir uns zu ändern. Wie gesagt. In der Schule läuft es ganz schlecht, und ich weiß nicht, was ich machen soll. Es ist schwierig, auf einer anderen Schule angenommen zu werden. Wegen Ausbildung ist es jetzt auch zu spät dieses Jahr. Also, wenn ich bis Sommer nichts habe, keine Ausbildung, mir nicht geholfen werden kann, dann geh ich zurück zu meiner Familie nach Italien. Das Hinflugticket habe ich schon. Aber ich will das nicht, denn ich hab meine Freunde hier.

Wir haben schon mehrere Auftritte gehabt. Deswegen: Wir wollen uns sozial ändern, den geraden Weg gehen in Zukunft und halt unsere Musik machen. Wir wollen daraus was machen. Na ja, daneben wollen wir noch einen Beruf erlernen. Aber dieser Rap, diese Musik, war früher unser Hobby. Jetzt haben wir das als ernste Sache genommen.

Medinghovener Rap
Radikal Recordz, Medinghoven

du bist deutscher und redest von kanacken
ich bin der kurde mit der schwarzen lederjacke
ich fang an zu rappen und schon beginnt der krieg
doch am ende weiß ich genau wem gehört der sieg
mir gehört der sieg mir und meiner crew
du bist auf der bühne und alle schreien buh
wir medinghovener türken wir kanacken bleiben hart
wer streitet mit mir wer stresst mir uns
ich komm in deinen bezirk mit meinen zwanzig jungs
mit meinen zwanzig jungs die dich finden und cool bleiben
ich habe dunkle haare aber trotzdem bin ich aus fleisch und blut
bei partytime hat jedes mädchen uns lieb
bei partytime haben wir immer knarren dabei

Schuldiger gesucht

Die Integrationsbeauftragte versucht zu differenzieren.

In Godesberg gibt man immer Migrantenjugendlichen die Schuld an solchen Vorkommnissen. Und da bin ich immer ein bisschen vorsichtig. Weil ich denke, das kann im Einzelfall so sein, ich will's auch gar nicht bestreiten. Aber ich glaube, dass das nen Grund hat. Und grade in Bad Godesberg ist es ja so, dass die sich sehr lange als Diplomatenstadtteil verstanden haben. Das heißt, die Migranten, die man dort wahrgenommen hat, waren präsentabel, eher schmückend. Die machten keine Probleme, waren im Gegenteil gut für den Ruf des Stadtteils. Bad Godesberg war sehr sehr international. Ganz untypisch. Das haben die wenigsten deutschen Städte. Und ein bisschen davon ist ja auch geblieben. Aber nur sehr wenig. Ansonsten hat es sich in Normalität verwandelt. Und Normalität ist eben, dass es Menschen sind aus allen sozialen Schichten, vor allem solchen, die wir gerne bildungsfern nennen. Das ist für viele Bad Godesberger sehr schwer zu verkraften. Die sagen, das war doch immer so anders und jetzt geht alles bergab. Nur, das kann man so nicht sagen.

Seit Anfang 2008 bin ich in Bonn Integrationsbeauftragte. Die Stelle gab es vorher nicht. Als ich hier anfing, war hier nichts. In der Verwaltung eine Stabstelle zu installieren, ist mühsam. Ganz schnell ist einem dann klar, als Einzelkämpferin kann man gar nichts erreichen. Die Erwartungshaltungen sind gigantisch. Das ist nicht zu erfüllen. Im Integrationsbereich wird ja vieles erwartet, was nichts kosten darf. Das halte ich für einen großen Irrtum. Es muss etwas kosten und es wird etwas kosten. Und es gibt Dringlichkeiten. Ich hab mich erst mal bemüht, Strukturen aufzubauen. Es gibt aktuelle Aufgaben, denen ich mich nicht entziehen kann. Die einfach anstehen, wo ich Lösungen erarbeiten muss, zum Beispiel Moschee-Standorte. Da gibt's einfach ne Vorgeschichte. Das Ganze hat ne komplizierte Entwicklung genommen. Das soll ich voran bringen und lösen.

Ganz aktuell muss ich ein Integrationskonzept vorlegen, wo ich aber deutlich gemacht habe, das kostet Zeit, das kann man nicht aus dem Ärmel schütteln. Das, was ich brauche, viele Daten, viele Rahmenbedingungen, hab ich noch nicht. Man kann kein Integrationskonzept schreiben, was allen gerecht wird. Ich brauche zum Beispiel Integrationslotsen, die mit der Frau X zu der Erziehungsberatungsstelle gehen. Oder Elternpaar XY zum Elternabend begleiten. Oder zum Elternsprechtag. Oder zum Arzt oder einer Ärztin. Zu einer psychologischen Beratungsstelle. Zu einer Frauenberatungsstelle. Zum Ausländeramt. Zum Jugendamt. Zu einer Stelle, wo es ums Sorgerecht geht, wo man sich alleine nicht hin traut und ähnliches mehr.

Wir sind ne große Universitätsstadt und haben viele Studierende. Ich versuche, dass wir Studenten finden, auch Deutsche und Nichtdeutsche, die Schüler schon ab der Grundschule individuell begleiten. Es reicht schon, bei den Hausaufgaben zu helfen.

Der Migrationsbereich ist chronisch unterfinanziert. Ich als Stabstelle hab zur Zeit Null Cent. Kein Budget. Es wird darauf hinauslaufen, dass Politik sich entscheiden muss. Da wird's Ratsdebatten geben, was darf was kosten.

Im ganzen Integrationsbereich ist alles ein bisschen spät. Es heißt ja immer, wir wussten früher ja nicht, dass es so Probleme gibt oder dass dies und jenes gelöst werden muss. Jetzt ist das Geschrei immer groß, was MigrantInnen alles brauchen. Aber in all den Jahren, in denen Frauenhäuser, Frauenberatungsstellen, MigrantInneninitiativen gesagt haben, wir wollen etwas aufbauen, haben die höchstens kleine Geldsummen gekriegt oder gar nichts. Oder wurden vertröstet oder es wurde wieder gekürzt. Insofern ist das alles jetzt sehr sehr spät.

Die jetzige Jugendlichengeneration ist noch mal eine besondere, weil die oft noch Eltern haben, die ganz überfordert sind.

Die sich hier nicht zu Hause fühlen, im Sinne von ich kenn mich aus, ich kenn die Instrumente. Ich weiß, was ich will. Was ich für meine Kinder will. Das ist der Elterngeneration nicht so richtig klar. Und dadurch konnten die den Jugendlichen nicht vermitteln, welchen Weg die zu gehen haben. Hier geht's lang und ich hab hier was zu sagen. Stattdessen werden sie von den Jugendlichen als hilflos wahrgenommen und auch als unklar. Und ich wär sehr froh, wenn sich das in den zukünftigen Generationen nicht fortsetzt. Weil wir starke Eltern brauchen. Gerade männliche Jugendliche gehören zu einer Generation, die man wirklich vergessen hat. Gewalt ist auch kein Mittel, das ist völlig klar. Aber es hat eine Vorgeschichte, wie es dazu kam.

Das Hauptschulthema muss gelöst werden. Die Jugendlichen sind sehr verzweifelt, sagen, wenn ich in der Hauptschule bin, ist es eh schon gelaufen. Die planen mich schon gar nicht mehr ein. Es ist ein Dilemma der deutschen Bildungspolitik, das auf den Schultern von Migrantenjugendlichen abgeladen wird. Mir ist schon fast egal, welche Lösung gefunden wird. Aber man muss eine Lösung finden. Die haben sonst überhaupt keine Chance.

Also, ich glaube, in Bad Godesberg ist das eingetreten, was Politiker in vielen Reden beschworen haben: dass die Welten so auseinander gehen. In Bad Godesberg gibt's einfach sehr etablierte Gymnasien, an denen völlig klar ist, wenn ich da drauf bin, werde ich im Leben erfolgreich sein. Ich gehöre zu einer gewissen Elite. Jetzt etwas übertrieben ausgedrückt. Ich bin auf jeden Fall Gewinner oder Gewinnerin. Und denen gegenüber gibt es aber eine große große Gruppe von Jugendlichen mit Migrationshintergrund, die genau wissen, ich habe hier keine Chance. Ich bin hier eigentlich der looser. Und das prallt sehr heftig aufeinander. Da gibt es keine Stelle, an der man das entschärft. Umgekehrt muss man sagen, es gibt diese netten und aufgeschlossenen und anständigen und nicht besonders reichen Familien an diesen Schulen, die auch gerne möchten, dass man miteinander klar kommt. Man muss auch aufpassen, dass man nicht selber anfängt, Schubladen zu bedienen oder zu nutzen. Ich kenne auch genug Familien, die sagen, ich möchte das so nicht. Ich fühle mich da keiner der Gruppen zugehörig, die sich so auseinander dividieren. Und das ist auch eine Gruppe, die man unterstützen muss. Ein Problem ist, dass man jahrelang bei dem Belegen von Wohnungen, eigentlich als Wohnungsgesellschaft, manchmal ja auch als Städte, nicht wirklich darauf geachtet hat, wie man die Häuser belegt. Natürlich wohnt man gerne da, wo auch andere wohnen. Die russische Familie, die weiß, um die Ecke oder im gleichen Wohnblock, wohnen auch russische Familien, das versteh ich auch ein bisschen, dass die mir sagen, da kenn ich schon mal jemanden. Der kann mir nen Tipp geben. Und das trifft natürlich auf die arabische, die türkische community genauso zu. Das darf man immer nicht vergessen, dass das auch so zustande gekommen ist. Aber in der Menge gibt es natürlich Probleme in einzelnen Stadtteilen, auch dadurch, dass man da Wohnblöcke belegt hat und dadurch so kleine Miniparallelgesellschafen geschaffen hat und auch ein bisschen sich selbst überlassen hat. Was man jetzt ausbaden muss.

Hä, ich verstehe kein einziges Wort

Eine nigerianische Jugendliche schilderte ihre Anfänge in Deutschland.

Ich bin nach Deutschland gekommen, weil mein Vater hier seit 18 Jahre ist. Als ich zwei Jahre war, ist er von Nigeria weggegangen, zum Studium nach Deutschland. Ich hab ihn nie so richtig kennen gelernt. Seit vier Jahren lebe ich in Mehlem mit meinen Eltern, meiner Zwillingsschwester und meinem kleinen Bruder. In Nigeria ließ meine Mutter uns viel bei den Großeltern. Sie fuhr oft nach Dubai und kaufte dort Schuhe und Klamotten. Hatte in Lagos einen Marktstand. Jetzt ist sie Hausfrau. Mein Vater arbeitet bei McDonalds, ist Chef in einer McDonald-Filiale.

Als ich auf die Schule gekommen bin, sagte ich immer: Hä, ich verstehe kein einziges Wort. Es ging mir so schrecklich und alles war mir peinlich. Ich will jeden Moment wieder nach Nigeria fliegen. Und so. Aber leider muss ich hier warten und weiter kämpfen. Ja. Das war die schwierigste Zeit meines Lebens. In Deutschland. Wenn die Lehrerin vor der Tafel stand, spricht und spricht und spricht. Ich verstand nix. Und wenn die sagt, Habt ihr das verstanden? Dann sagte ich einfach, ja. Weil die anderen ja gesagt haben. Ich kann jetzt sogar ein bisschen Deutsch sprechen. Hab eine große Klappe. Hab viele Freundinnen. Durch die deutschen Freundinnen hab ich auch Deutsch gelernt. Ich lerne immer noch Deutsch. Alles ist hier anders als in Nigeria. Zum Beispiel die Schule. Hier wird gar keine Uniform getragen. Auch die Mentalität der Schule gegenüber ist anders, total anders. In Nigeria machen wir immer unsere Hausaufgaben. Aber in Deutschland nicht. Wenn die Lehrerin sagt, du sollst lesen, sagen die Schüler, ich hab keinen Bock mehr zu lesen. In Nigeria ist das nicht so. Wann immer die Lehrerin sagt, du musst jetzt lesen, dann muss man lesen. Die Schüler hier benehmen sich schlecht, beleidigen die Lehrerinnen. In Nigeria ist das nicht so. Man beleidigt die Lehrerinnen nicht, weil wir haben diese Mentalität: Jemanden, von dem man so viel lernt, darf man nicht beleidigen. Man muss vor demjenigen Respekt haben.

In Afrika bin ich nie Fahrrad gefahren. Als ich dann nach Deutschland kam, meinten meine neuen Freundinnen, so, komm doch mit, wir gehen jetzt Fahrrad fahren. Das hat so viel Spaß gemacht. Die haben mir das Fahrrad fahren beigebracht. Ich bin mehrmals runter gefallen. Aber jetzt kann ich es. Nur auf der Straße fahren, das traue ich mich noch nicht.

Die Eltern meiner Freundinnen sagen oft, wenn ich bei ihnen zu Besuch bin, du kannst hier übernachten. Da sag ich lieber nein, weil bei uns ist das nicht erlaubt. Wir dürfen nicht bei anderen übernachten.

Ich will später mal Pharmazeutisch Technische Angestellte werden, PTH. Das war schon immer mein Traumberuf. Schon als ich klein war. Damals war ich einmal in einer Apotheke in Nigeria und habe einfach nur alles angeguckt. Ist doch wirklich schön hier, habe ich da gedacht. Vielleicht mache ich ja mal eine Apotheke in Lagos auf. Ich denke mir immer, dass Schwarze oder auch Ausländer hier in Deutschland keine Chance haben. Das habe ich selbst schon erlebt. Einmal suchte ich einen Job als Aushilfe. Die Frau, bei der ich mich beworben habe, meinte dann aber: Ja, weißt du, ich verkaufe Obst. Und ich weiß nicht, wie meine Kunden reagieren werden. Obst von einer Schwarzen, einer gefärbten Frau, werden die wohl nicht kaufen. So war das.

Busfahren wird zur Mutprobe

Eine junge Gymnasiastin, selbst Migrantin, traut sich kaum noch, nach der Schule mit dem Bus zu fahren.

Wo es immer wieder Probleme gibt, ist halt in den Bussen, wenn man von der Schule nach Hause fährt. Da gibt es so Punkte, wo die Hauptschule auf die Gymnasien trifft. Meines Wissens fährt immer mal jemand mit, Streetworker oder da guckt man mal. Das ist eigentlich ein durchgängiges Thema immer wieder gewesen, diese Rangeleien an den Bussen. Es gab Überlegungen, dass die Schulen mal ihre Zeiten versuchen etwas zu entzerren. Keiner hat sich so richtig drauf einlassen wollen.

Wenn wir aus der Schule kommen, fahren wir alle mit derselben Bahn. Die von der Hauptschule und wir vom Klara-Schumann-Gymnasium. Die Bahn ist meistens überfüllt und sobald man da reinkommt, schallt einem aus fünf Handys Musik entgegen. Man wird angepöbelt von irgendwelchen kleinen ausländischen Jungs. Das ist meistens so. Hey, geile Sau oder so was. Das ist unangenehm. Ich hab jetzt auch schon viele kleine deutsche Jungs gesehen, die mittlerweile so sind, aber die sind meist in Begleitung von kleinen ausländischen Jungs. Das verstärkt sich gegenseitig.

Ja. Vor allem die kleinen ausländischen Jungs – türkische Jungs oder arabische Jungs – sind Mädchen gegenüber extrem herablassend. Die wurden ja so erzogen, dass die Mutter eher kocht und der Vater ist der Starke und das hab ich schon öfters rausgehört. Bei mir ist es so, wenn ich zum Beispiel auf dem Viererplatz sitz und es steigen drei Leute ein. Denen gefällt es sozusagen, einen anzupöbeln. Die legen erst mal den Fuß auf deinen Sitz, wackeln hin und her, gucken dich einfach an, damit du Augenkontakt aufnimmst. Und dann geht's immer so weiter, die reden mit dir, hast uns dumm angeguckt. Die locken dich dann regelrecht in diese Falle. Und anschließend gibt es immer Stress. Das sind dann meistens Ausländer.

Wenn man abends tatsächlich mal mit dem Bus fahren muss, dann weiß man schon, dass an manchen Haltestellen so Asoziale – wir nennen sie nur noch die Asozialen – einsteigen werden. Man weiß genau, an welchen Stationen die Jungs reinkommen, die rumpöbeln, sich auf die Sitze stellen, ihre Füße auf die Sitze legen, rülpsen, brüllen, lachen. Die tippen einem auf die Schulter. Reden die ganze Zeit über einen. Die Kleine würd ich ja gern mal mit nach Hause nehmen und so was! Es ist einfach unangenehm. Das sind so Sachen, die würden mich auch an Deutschen stören. Also, das ist jetzt nicht, dass ich ausländerfeindlich sein will, weil das kann ich mir ja auch nicht wirklich leisten, komme ja selbst aus einem mittelamerikanischen Land.

Wer nicht reindarf, schlägt um sich

Ein Ako-Schüler und eine Gymnasiastin berichten, wie
man sich gegen das Eindringen ungebetener Gäste bei
Vorabi-Feten schützt.

Es gibt ja diese Vorabi-Partys. Und da die Partys ab 16 sind, sind
die vollkommen überfüllt. Wenn dann bestimmte Leute von den
Türstehern nicht rein gelassen werden, fangen die an, die Einrichtung von außen zu demolieren. Oder es macht ihnen Spaß,
wenn die auf Einlass wartende Masse ganz eng ist und dicht ge-
drängt, schubsen die von außen gerne. So dass dann alles um-
kippt und es Panikausbrüche gibt. Es gehen kaum noch normale Leute zu diesen Partys hin, weil sie wissen, dass solche Leute
da sind. Ich vermeide solche Partys generell und ich hab auch einen Freund, der jetzt eher in dieser asozialen Schiene läuft. Er
hat viele Freunde, viele ausländische Freunde und es gibt auch
ein paar Deutsche, die bei so was mitmachen und die machen
manchmal Fotos, auf denen zu sehen ist, wie sie Baseballschläger
in der Hand haben oder Messer. Sie machen keine Gewaltfotos.
Aber ich hab Fotos gesehen, wo die alle posen, alle nen Baseballschläger in der Hand haben und alle so auf »Ich bin so stark und
ich werde alle kaputt hauen« machen. Und er findet auch das gut
und die pumpen sich voll, machen die Muskeln groß. Mit denen
geh ich nicht weg.

Mein Freund, der ist Grieche und der ist ganz nett zu mir,
wenn er alleine ist. Aber sobald ein Kumpel von ihm da ist, dann
fangen schon wieder diese anstößigen Witze an, reden so herablassend über Frauen. Oder planen, in die Stadt zu gehen und irgendwas zu machen. Ich weiß nicht was. Ich finde das überhaupt
nicht gut und deswegen lasse ich mich auch nicht mit ihm sehen,
weil ich damit nicht in Verbindung gebracht werden will.

Die haben alle eine Freundin. Aber wenn die Jungs zusammenhocken und ihre Freundinnen nicht da sind, reden die ganz schlecht über die Mädchen. Also, es ist nicht so, als ob die von ihrer großen Liebe sprechen, sondern, ach ja, die hab ich gestern … Ich führe das eher darauf zurück, dass die meisten Ausländer, die hier herkommen, auf Hauptschulen gehen und dort nicht unbedingt mit Deutschen zusammentreffen, die besonders intelligent oder lernwillig sind. Die meisten Ausländer, die hierher kommen, müssen – auch wenn sie schon älter sind – direkt auf die Hauptschule. Nicht weil sie besonders dumm sind, sondern weil ihr Deutsch für alles andere nicht reicht. Und weil auch ihre Eltern beim deutschen Schulsystem überhaupt nicht durchblicken.

Geschlossene Gesellschaft auf dem Petersberg

Ein Ako-Schüler macht klar, dass es auch auf den Abifeiern in hochnobler Gesellschaft nicht immer nur gesittet zugeht.

Unsere Abifeier findet auf dem Petersberg statt. Am Anfang das Essen mit Eltern und Verwandten. Geschlossene Gesellschaft. Später kann dann, wer auf der Gästeliste steht, nachkommen. Die Versicherung hat auf einer Gästeliste bestanden. Weil wir da jedes Jahr so viel demolieren. Wir ham jetzt auch für 80 Leute 25 Sicherheitskräfte, weil die Versicherung das alles vorschreibt. Einige sind da so froh, dass sie das Abi haben, die demolieren alles Mögliche, schmeißen Stühle den Petersberg runter. Letztes Jahr, ich weiß gar nicht, wer das war, aber irgend jemand hat das Waschbecken abgetreten. Der Boden musste neu gemacht werden, weil die Scherben des Waschbeckens den ganzen Marmorboden zerkratzt haben. Die Versicherung will das nicht mehr übernehmen, deshalb mussten wir diesmal mit 8.000 Euro in Vorkasse treten.

Bei unserer Abifete haben wir den Türstehern gesagt, einschlägiges Publikum bitte nicht reinlassen. Das heißt natürlich nicht, dass wir gar keinen drin hatten, aber es gibt ein paar, denen sieht man es direkt an, dass sie nur Stress suchen. Sieht man an der Kleidung, an diesen asozialen Frisuren. So richtig kurzgeschoren und oben länger irgendwie. Dann immer Hose in die Socken. Und wenn das dann so Schränke sind, so Kanten, das sieht man schon, ob jemand aggressiv iss oder ob jemand friedlich iss. Das sieht man auch am Gesichtsausdruck. Wenn man einem ins Gesicht schaut, weiß man, der könnte mir jetzt in den nächsten fünf Sekunden eine geben oder es ist einer, den muss ich erst eine Stunde provozieren, bevor er zuschlägt.

Auch die Justiz weiß nicht weiter

Von der Ratlosigkeit eines Jugendrichters

Ein Anstieg der Kriminalität würde ich insgesamt als Befund sagen. In Bad Godesberg. Und dann eben vor allen Dingen im Bereich der jugendlichen Straftäter Zunahme von Raubdelikten, also das, was man unter Jugendlichen als Abziehen bezeichnet, also Lederjacke klauen, Schuhe klauen, Skateboard wegnehmen, Handys vor allen Dingen. Übergriffe auf ältere Mitbürger, Handtaschenraub. In dem Bereich hat es spektakuläre Fälle in Bad Godesberg gegeben. Einer ist mir in Erinnerung, wo eine alte Dame auch ganz erheblich – lebensgefährlich – verletzt wurde. Dann haben wir natürlich die Auseinandersetzung zwischen verschiedenen Gruppen, auch ethnischen Gruppen von Jugendlichen, die gewalttätig ausgeführt werden.

Deutsche begehen natürlich genauso Straftaten wie ausländische Jugendliche oder solche mit Migrationshintergrund. Was ich ausmachen würde, wäre eine tendenziell höhere Gewaltbereitschaft bei Jugendlichen mit Migrationshintergrund. Wir können das auch an bestimmten Ethnien festmachen. Wir haben also mit bestimmten Bevölkerungsgruppen ganz spezifische Probleme. Wenn man jugendliche Deutschrussen sich anschaut, dann haben wir sofort ein großes Alkoholproblem, Drogenproblem. Und natürlich auch ne ausufernde Kriminalität. Wenn man Bereiche sich anschaut, wo die Jugendliche muslimischen Hintergrund haben, haben wir eine andere Delikt-Natur. Auch ne höhere Gewaltbereitschaft gegenüber anderen Ethnien.

Mir sind eine Reihe von Verfahren in Erinnerung, wo dann türkische Gruppen auftauchen und sagen, wir sind Türkenpower, wir zeigen euch das jetzt. Scheißdeutsche! Und dann geht's zur Sache. Umgekehrt gibt's natürlich ähnliche Konstellationen, wo ne Gruppe von gewaltbereiten Deutschen auf ein paar Türken trifft und die dann in Anführungszeichen aufmischt. Russische Gangs gibt's selbstverständlich, türkische, arabische Gangs gibt's. Und es gibt natürlich im Deutschen das, was man so als Bandenstruktur bezeichnet. Also ich hab durchaus auch schon jugendliche deutsche Einbrecherbanden gehabt, die allerdings auch durchsetzt sind mit Jugendlichen anderer Herkunft. Die hab ich durchaus schon erlebt. Aber der Gewaltkonflikt aus ner Gang raus gegenüber einer anderen Gruppe vorgetragen, das scheint mir ein Phänomen mit Migrationshintergrund. Das betrifft auch Bad Godesberg.

Dann haben wir natürlich bei den Gruppen ein weiteres Phänomen, dass man aufgrund der Ethnie ein stärkeres Zusammengehörigkeitsgefühl hat und deshalb auch zu einer Gruppe zusammenfindet. Und dann haben wir, was Raubüberfälle anbelangt, das nächste Phänomen, dass man natürlich durch Werbung, durch die Ausrichtung unserer Gesellschaft auf Konsum, schlicht auch Wünsche weckt, die sich jemand, der nicht über das nötige Kleingeld verfügt, nicht auf legale Art und Weise befriedigen kann. Dass aber gerade in den Gruppen der Status etwa durch Kleidung, die man trägt, Markenklamotten, besonders eben von finanziellen Möglichkeiten abhängt. Das kommt alles zusammen.

Möglicherweise kommt dann auch noch so 'n Neidfaktor dazu, dass man denkt, eine andere Gruppe von Jugendlichen, nur weil sie Deutsche sind, denen ginge es möglicherweise besser. Und dann kommt sicher auch noch Langeweile, Abenteuer, in Anführungszeichen Spaßfaktor dazu, dass man sagt, jetzt machen wir mal richtig einen drauf, jetzt mischen wir mal ne andere Gruppe auf, und dann iss in unserem Leben richtig was los.

Selbstverständlich hat die Justiz nicht die Mittel, diese gesellschaftlichen Zustände zu beheben. Wir sind ja kein Reparaturbetrieb für fehlgeschlagene gesellschaftliche Entwicklungen. Was man machen kann, ist sicherlich, im Einzelfall für einen einzelnen Jugendlichen im Rahmen der Strafe, die dann ansteht, ein Konzept zu entwickeln, dass der aus diesem Kreislauf, in den er da geraten ist, herausgebrochen wird. Das sieht natürlich oft aus Sicht des Jugendlichen ganz bitter aus. Als Richter kann ich natürlich im Grunde genommen nur die Weichen stellen.

Dieser starke Familienzusammenhalt ist übrigens eines der Probleme, die wir mit denen haben. Man erlebt bei männlichen, insbesondere aus dem muslimischen Bereich stammenden Straftätern, dass die zu Hause die Könige sind. Die erfahren nicht das, was man sich unter Erziehung vorstellt, nämlich, dass man irgendwo Leitplanken im Leben einzieht, sondern, die sind die Könige, und was die machen, wird nicht angezweifelt. Selbst wenn die Eltern der Auffassung sind, das ist falsch, was er macht, haben sie offensichtlich keine Schemata im erzieherischen Gepäck, um das irgendwie einzufangen.

Das ist auch eine gesellschaftliche Frage. Wenn jemand zur Strafjustiz kommt, ist das Kind ja schon in den Brunnen gefallen. Man kann nicht von der Strafjustiz erwarten, dass, wenn da ein 15- oder 16-Jähriger erscheint, bei dem im Leben viel schief gelaufen ist, und man den in der Hauptverhandlung drei Tage sieht, irgendwie ein Paket erzieherischer Art zusammenzurrt, der dann als nützliches Mitglied der Gesellschaft aus dem Strafverfahren hervorgeht. Das scheint ein bisschen illusorisch.

Da läuft in der Justiz auch manches schief. Wir erleben es gerade im Bereich der Gewaltkriminalität oft, dass auch seitens der Justiz keine Konsequenz gezeigt wird. Jugendliche erfahren zu Hause keine Konsequenz im Hinblick auf Fehlverhalten. Und die Justiz macht dann dasselbe. Wenn Sie den Strafregisterauszug von manchen Straftätern lesen, die ersten vier, fünf Delikte, da darf auch ruhig gefährliche Körperverletzung oder ein Raubüberfall dabei sein, sehen Sie, dass im Grunde keine Sanktion erfolgte. Da wird ne Ermahnung, ne Verwarnung ausgesprochen. Dann fallen vielleicht mal 20 Stunden auf nem Bauhof oder im Tierheim an, die dann möglicherweise auch gar nicht abgeleistet werden. So entsteht oft der Eindruck bei den Jugendlichen, ich kann so weitermachen wie bisher, mir passiert nichts.

Also, wenn Sie sich so eine Gang ansehen, da haben Sie Mitläufer-Typen. Dann haben Sie welche, die sind vielleicht unheimlich weich innen drin und werden in so ein Korsett durch die Gruppendynamik reingezwungen. Und Sie haben natürlich Leute, die in der Gruppe das Sagen haben. Die muss man sich auch ganz unterschiedlich angucken und auch unterschiedlich behandeln. Es gibt welche, die leben seit 10, 15 Jahren hier und sprechen kaum deutsch. Das ist aber auch ein Phänomen, was sie bei Deutschen durchaus antreffen können, dass da eine Sprache gesprochen wird, genuschelt, durchsetzt mit irgendwelchen Begriffen, die halt Slang sind.

Ich habe noch keinen Jugendlichen getroffen, schwer traumatisiert aus einem Kriegsgebiet, der hier als Straftäter auftaucht. Noch keinen einzigen. Sondern die Angeklagten, die ich hier vor Gericht erlebe, sind alles Leute, die im Grunde genommen hier ganz gut akklimatisiert sind. Die leben natürlich nicht im Reichtum, in Saus und Braus, aber die leben hier, leben gerne hier, und haben in ihrer Gruppe zunächst mal ein gutes Leben. Begehen aber aus ihrer Gruppe heraus Straftaten. Hängen zu Hause ab, gehen mit ihren Kumpels ab, gehen abends in die Disco, fahren mit dem Auto durch die Gegend. Und lassen den lieben Gott einen guten Mann sein. Nach meiner Erfahrung kriegen die in der Regel das Geld von den Eltern, die sich das teils vom Munde absparen. Meine Erfahrung ist die, dass den Söhnen – Mädchen spielen im Rahmen der Kriminalität im Grunde genommen keine wesentliche Rolle – von zu Hause das Geld zur Verfügung gestellt wird. Ich hab da in Erinnerung Familien, wo die Mutter natürlich zu Hause ist, der Vater irgendwo als Fabrikarbeiter arbeitet und der Sohn kriegt 150 bis 200 Euro Taschengeld im Monat. Das wird natürlich auf den Kopp gehauen. Und dann wird versucht, da und dort noch durch Kleinkriminalität irgendwie an Geld und Mittel gekommen.

Wenn man so ein klassisches muslimisches Elternhaus hat. Die Mutter zu Hause spricht kein Wort deutsch, geht vielleicht mal mit einem Familienmitglied zu einer Behörde, das dann dolmetscht, oder zum Einkaufen. Der Vater arbeitet. Dann können wir im Grunde genommen als Gesellschaft nicht auf den elterlichen Beistand hoffen. Das ist eine gesellschaftliche Bringschuld. Wir müssen die Kinder früh abholen, die müssen in den Kindergarten kommen, allein schon, um die sprachlichen Defizite aufzuarbeiten. Und dann müssen wir ein vernünftiges Schulsystem haben, durch das wir möglichst jeden mitnehmen.

Unser Schulsystem ist ja auf frühes Aussortieren ausgelegt. Und diese Kinder werden früh aussortiert aufgrund sprachlicher Defizite. Also, ich möchte wetten, dass ein Großteil der Kinder mit Migrationshintergrund einfach aufgrund der sprachlichen Defizite auf einer Hauptschule landen, obwohl mit etwas Förderung die durchaus aufs Gymnasium, auf die Gesamtschule oder wo auch immer hingehören. Wir müssen das Rad nicht immer neu erfinden. Müssen nur nach Kanada gucken, Richtung skandinavische Länder. Da haben Migrantenkinder ein halbes Jahr Einzelunterricht, Sprachunterricht, und dann sind die ganz normal in der Regelschule integriert. Wir sortieren viel zu früh die Kinder auseinander und das macht sich im Rahmen der Kriminalität bemerkbar. Keine Frage.

Neulich hatten wir einen jungen Mann aus Bad Godesberg, türkischer Hintergrund, der sich zusammen mit anderen ein junges deutsches Mädchen geschnappt hat, um die der Prostitution zuzuführen. Sowas nennt man Menschenhandel. In Bad Godesberg. Die wurde dann in Bonn, auch in Köln im Bordell untergebracht. Natürlich handelte es sich nicht um ein muslimisches Mädchen, sondern um ein deutsches Mädchen. Weil ein muslimisches Mädchen innerhalb solch einer Gang eine ganz andere Bedeutung hat.

Ich kann die Empfindungen von Polizeibeamten sehr gut nachvollziehen, wenn die sich viel Mühe machen, auch vor Ort, die haben ja auch Bezirksbeamte, die ganz genau in der Region wissen, was da passiert. Und auch ihre Pappenheimer persönlich kennen. Dass die frustriert sind, wenn es denn ein gerichtliches Verfahren gibt, und der Berg kreist und gebiert eine Maus. Wenn die dann sehen, dass derselbe Straftäter dann drei-, vier-, fünfmal vor dem Kadi steht, aber im Grunde genommen keine erzieherische Sanktion dabei rauskommt. Das ist in gewissem Umfang auch meine Erfahrung. Wir brauchen ein konsequenteres und auch tendenziell linear ansteigendes Sanktionsschema. Die lachen sich teils sicherlich kaputt darüber, was da als Sanktionen für sie nach einer Straftat herauskommt.

Wer soll diese Strafen eigentlich ernst nehmen?
Ein Sozialarbeiter beschwert sich über die Milde der Justiz.

Ich hatte einen Jugendlichen, der musste 50 Sozialstunden machen. Was haste denn gemacht? Ich hab nur schwere Körperverletzung begangen. 50 Sozialstunden und schwere Körperverletzung, da muss ich mich fragen, was muss eigentlich passieren, dass einer in den Jugendarrest kommt. Muss er erst einen totschlagen oder? Auf der anderen Seite hab ich Jugendliche gehabt, die haben eine CD geklaut und kamen auch mit 40 Sozialstunden an.

Eine weitere Problematik ist, dass nach der Straftat nicht zeitnah verurteilt wird. Es gibt Jugendliche hier, die haben Akten, da sträuben sich einem die Haare. Ich war mal bei der Polizei zu einer Vernehmung und hatte Einsicht in Personenverzeichnisse. Ich dachte, das wär ne Besucherkartei des Hauses. Ich kannte sie alle. Und mir wurde gesagt, wer da drin ist, da ist schon was vorgefallen. Und auch im Kontakt mit Jugendrichtern wurde mir bestätigt, dass die dem nicht nachkommen. Für die Jugendlichen ist das so, wenn sie sagen, ich gehe abziehen, ist das für die wie einkaufen. Abziehen ist die kostengünstige Variante. Das Risiko, was besteht, man wird erwischt, dann kriegt man Hausverbot, wird zur Polizei vorgeladen. Das war's dann.

Die ziehen vor allem Bessergestellte ab. Wobei die Opfer dann unter Druck gesetzt werden. Wenn du was Falsches sagst, dann gibt's was. Das hat mir die Polizei auch bestätigt, dass jugendliche Opfer bereit waren auszusagen und bei der Verhandlung irgendwie eingeknickt sind. Ich weiß doch nicht, ob es der war.

Hausverbot für die BadGos

Die Leiterin eines Jugendtreffs über eine drastische, aber auch notwendige Maßnahme

Diese Gang, die BadGos, hat hier Hausverbot. Sie sind durch ihre Aggressivität aufgefallen. Dass sie aus ganz geringen Anlässen heraus sofort zugeschlagen haben. Ganz egal womit und wie auch immer. Auch dass es nichts genützt hat, mit ihnen darüber zu reden. So ein Haus ist auch ganz schnell verschrien, wenn es von so einer Gruppe besetzt wird. Man ist dann nicht mehr offen für die vielen anderen kleinen Gruppen, die es ja auch einfach noch gibt. Und die bleiben dann weg. Fünf Hausverbote gab's im Laufe der Zeit. Ans Hausverbot haben sie sich nicht sofort gehalten. Sie haben draußen vorm Haus rumrandaliert. Und Ärger gemacht. Und andere Besucher, die rein wollten, auch versucht abzuziehen. Bis wir ihnen auch angedroht haben, sie anzuzeigen. Wegen Hausfriedensbruch. Das war manchmal wie eine Belagerung der Einrichtung.

Mein Name ist Mohammed, ich bin 22 Jahre alt

Ein Schüler der König-Fahd-Akademie, den niemand haben will

Bin auf die König-Fahd-Akademie gegangen, hier in Bad Godesberg. Das ist eine saudi-arabische Schule. Und da hab ich auch meinen Abschluss gemacht. Mittlere Reife. Ursprünglich kamen meine Eltern aus Marokko. Meine Muttersprache ist Arabisch und Deutsch. Geboren bin ich in Bergisch Gladbach. Ich wohn jetzt alleine in Bad Godesberg. Mein Vater war früher Lagerarbeiter, jetzt ist er arbeitslos. Meine Mutter iss Hausfrau.

Meine Eltern haben mich zur König-Fahd-Akademie geschickt. Viele sagen, die König-Fahd-Akademie sei streng islamisch ausgerichtet. Das stimmt alles gar nicht. Die Schule ist normal wie andere Schulen. Ich bin nicht sehr religiös. Außerhalb der Schule hatte ich keine Freunde. Wir haben acht Stunden am Tag gelernt. Blieb nicht viel Zeit zum Ausgehen. Auf der Schule waren Jungs und Mädchen nicht sehr getrennt. Hing vom jeweiligen Direktor ab. In manchen Jahren gab es Direktoren, die entschieden, dass Mädchen auf eigenen Gängen runter in die Pause zu gehen hatten, getrennt von den Jungs. Ein Jahr später ließ ein neuer Direktor beide Geschlechter wieder zusammen gehen. In der Pause waren wir zusammen.

Mein Abschluss war 2005. Seitdem bin ich arbeitssuchend. Manchmal jobbe ich. Kleine Tätigkeiten. Habe mich zunächst um einen Ausbildungsplatz als KFZ-Mechaniker beworben. Um die 50 Bewerbungen hab ich verschickt. Habe nur Absagen bekommen. Mit dem Zeugnis! Das ist gut, aber alles steht da auf Arabisch. Als erstes Fach steht da Koran. Und wenn man das liest! Das ist ne Last. Ja. Hab es schon häufig verflucht, auf dieser Schule gewesen zu sein. Es kann auch mein Name sein. Wenn die hören, Mohammed, dann wollen die mich schon nicht nehmen. Keine Ahnung.

Da hat die Arge mir nen Vorschlag gegeben. Gesagt. Die kennen so einen Schwesternschaftsverein. Hier in Bonn. Und da bin ich hingegangen. Hat mir Spaß gemacht. In der Krankenpflege. Mit den Leuten zu arbeiten. Seitdem finde ich nichts. Bemühe mich, einfach weiter zu leben. Ich kann nichts machen. Lebe von Hartz IV. Arbeit suchen geh ich auch mit dem Fahrrad. Verteile so Briefe. Spare damit die Briefmarke. Da steht drin, dass ich Aushilfe suche. Beuel, Bonn oder Bad Godesberg. Da gibt's ja auch viele Fabriken. Da steck ich einfach einen Brief rein. Bekomme immer nur Absagen. Oder da steht, wir stellen keine mehr ein. Da steht, tut mir leid. Ich wünsch Ihnen für die Zukunft alles Gute. Ich muss aushalten. Ich muss weiter kämpfen. Iss so.

Ich war zwei Jahre lang im Schießverein. Hatte dafür aber keine Zeit mehr, musste zu viel lernen. Dann habe ich noch Thai-Boxen gemacht, auch im Verein. Jetzt mache ich nichts mehr. Manchmal gucke ich den ganzen Tag Fernsehen. Oder schlafe nur. Oder ich geh raus mit Freunden. Bowling spielen oder Billard. Oder wir gehen ein bisschen rum spazieren. Aber etwas kaputt machen oder andere Leute ärgern, das machen wir nicht. Ich frühstücke sehr selten. Geh einkaufen. Wenn was fehlt. Milch oder Brot. Geh runter zum Briefkasten. Um neun Uhr kommt die Post immer. Ich geh raus essen. Döner. Aber Döner iss auch selten jetzt. Schmeckt nicht mehr. Es gibt verschiedene Restaurants, wo man so fünf Euro bezahlt. Einen Teller Reis kriegt oder so. Oder Hamburger. Fishmäc oder so. Es gibt auch so kleine Restaurants. Pommes, Hühnchen. Ich kauf auch manchmal im Geschäft Fischstäbchen oder was man in den Ofen rein tun kann. Ja, das war's eigentlich.

Freundin hab ich keine. Kein Interesse. Ich bin nicht viel draußen. Höchstens bis zehn Uhr abends. Mit meinen Freunden will ich nicht abends ausgehen, weil ich weiß, dass die nur Probleme machen. Ich weiß, die gehen in irgendeine Bahn und zocken einen ab oder machen was kaputt. Ich rauche nicht. Die nehmen

Drogen. Und rauchen diese, wie heißt es noch mal, diese Joints. Ja. Alles. Wenn ich das nur rieche, krieg ich schon Kopfschmerzen. Ich kann das nicht aushalten.

Das Problem iss, dass ich aussehe wie ein typischer Norddeutscher. Also, wenn ich jetzt gehe und es kommt eine ausländische Gruppe und die sehen mich an und sagen: Guck mal den Otto an oder guck mal den Hans an, guck mal die Kartoffel. Wenn ich dann auf Arabisch antworte, bringt das nichts. Das Problem ist, diese Idioten, die verstehen kein Arabisch. Die meisten von denen jedenfalls nicht.

Die meisten Freunde von mir sind jetzt im Studienkolleg. Die haben auf der arabischen Schule die zwölfte Klasse gemacht. Ich bin früher rausgegangen. Ich hatte keinen Bock mehr. Keiner hat mir gesagt, wo ich anschließend hin soll. Was ich machen soll. Ich hätte ja aufs Abendgymnasium gehen können. Wusste ich nicht. Manche aus der Schule ham's geschafft und manche nicht, manche sitzen zu Hause, so wie ich, manche haben Geschäft aufgemacht, wie ihr Vater, oder manche verkaufen Handys, manche studieren. Meine Geschwister sind noch auf der König-Fahd-Akademie. Jetzt ist es zu spät, die umzuschulen auf eine deutsche Schule.

Der Zug ist längst abgefahren

Der Leiter eines Jugendzentrums weiß nicht mehr, wie er die Karre aus dem Dreck ziehen soll.

Ich leite ein Jugendzentrum und werde immer wieder mit der Forderung konfrontiert, die Einrichtung länger offen zu halten. Aber das stößt an personelle Grenzen. Zu uns kommen Jugendliche vom Brüserberg, aus Medinghoven und der Rest aus Bonn. Das liegt daran, dass die Jugendlichen sich untereinander kennen. Die Familien sind sehr groß und leben über viele Stadtteile verteilt. Die meisten haben arabischen Migrationshintergrund. Viele Türken, viele Kurden.

Die bestehende und die zukünftige Lebenssituation sieht sehr düster aus, weil viele Jugendliche höchstens die Hauptschule absolvieren. Das aber häufig ohne Abschlusszertifikat. Gehen in ihrer Pflichtschulzeit hin. Und machen sich dabei keinen Reim darüber, was das bedeutet. Es gibt viele Angebote, auch von sozialen Institutionen, Sprachkurse für Mütter, Integrationsangebote, aber die werden in der Regel nicht angenommen. Es gibt ja keine Notwendigkeit. Man kann sich ja auch so verständigen. Die leben ja in ihrer eigenen Subkultur. Das meine ich jetzt erst mal nicht negativ. Die haben ihre eigene Kultur, die leben als Türken oder Marokkaner in Deutschland.

Viele Jugendliche werden, damit sie nicht in der Arbeitslosenstatistik auftauchen, an so genannte Weiterbildungskollegs vermittelt. Das sind Abendrealschulen. Und das Interessante ist, dass es dafür Bafög gibt. Elternunabhängig. Das sind in der Regel 380 Euro. Zusätzlich zum Kindergeld. Das ist das, was die Familien so kriegen. Tja.

Im Verhältnis zu Jugendlichen in anderen Stadtteilen sind unsere hier fast, kann man sagen, Chorknaben. Es gibt allerdings keine beruflichen Erfolgserlebnisse, keine schulischen Erfolgserlebnisse. Das einzige Erfolgserlebnis ist, dass sie, wenn sie in einer Gruppe ne Schlägerei machen und sie gehen als Sieger hervor, dann die Helden sind. Oder sie entwickeln das Wir-Gefühl und sagen, wir Tannenbuscher oder wir Medinghovener oder wir Bad Godesberger, wir sind die Besten. Die Gewalt und die Gewaltbereitschaft sind immer da. Man konnte das sehr gut beobachten bei dieser Veranstaltung auf dem Münsterplatz. Das war ne Veranstaltung, bei der es keinen Alkohol gab. 80 Prozent der Besucher hatten Migrationshintergrund. Und obwohl 15 Bodyguards, zehn Sozialarbeiter und acht Polizisten anwesend waren, war die Stimmung wie auf einem Pulverfass. Da hätte nur das Kleinste gefehlt und die wären direkt gewalttätig geworden.

Wir haben Jugendliche mit muslimischem Migrationshintergrund und dann Jugendliche mit dem Migrationshintergrund Sowjetunion, GUS-Staaten. Und bei denen ist es ähnlich. Es gibt Jugendhäuser, wo die Russlanddeutschen dominieren. Die eine Gruppe schließt die andere aus. Das hat nichts mit Fremdenfeindlichkeit zu tun, sondern das ist einfach so. Und da gibt's die gleichen Probleme. Die da oben, die politisch Verantwortlichen, möchten das alles nicht wahrhaben. Man erkennt es. Man reagiert nicht darauf.

Es ist die fehlende Erziehung. Es ist das Familienbild. Die Rolle der Mutter und auch des Vaters. Wir haben von unseren Eltern ja was vermittelt bekommen. Dass man nicht klaut und so weiter. Aber die Eltern hier bei uns sind meist nicht in der Lage, ihre Kinder zu erziehen, weil sie das hier in diesem Umfeld nicht können und auch die Werte und Normen hier nicht anwenden. Normal ist, das ein Kind zu seinem Vater geht und fragt, ich komm hier nicht klar, erklär mir das mal. Hier ist es genau umgekehrt. Der Vater spielt keine Rolle. Die Kinder, vor allem die Söhne, haben im Grunde genommen seine Rolle innerhalb der Familie übernommen, die kennen sich einigermaßen im System aus. Aber einer, der aus Anatolien kommt oder aus nem Kriegsgebiet, aus Somalia, der kennt sich nicht aus.

Ich zum Beispiel sprech nur deshalb so gut Deutsch, obwohl ich in einem kleinen bayerischen Dorf groß geworden, weil es da einen Fußballverein gab. Mein Bruder und ich spielten Fußball. Wir hatten nur deutsche Freunde. Wir mussten uns auf Deutsch unterhalten. Dann war ne Schule da und da wurde meinem Vater gesagt, ihr müsst zum Religionsunterricht gehen. Der wusste dann nicht, wohin mit uns. Also hat er den einen bei den Katholiken und den anderen bei den Evangelen angemeldet. Und so bin ich sozialisiert worden. Ich hatte keinen anderen Umgang. Wir haben aber kaum noch deutsche Jugendliche.

Man hatte sich das so vorgestellt, dass Menschen, die man hierher holt, mit uns leben, und dass man sich ab und zu mal auf nem Straßenfest trifft – Multikulti –, man isst mal Döner, man kauft beim Türken ein, geht mal nen Kebab essen, das war es schon. Aber das reichte nicht. Wir sehen das als Bereicherung an bei solchen Festivitäten, aber die Bereitschaft der Menschen, sich hier zu integrieren, ist nicht vorhanden. Die jetzigen Einwanderer akzeptieren häufig unsere Werteordnung nicht. Zu einer Integration gehört auch eine Bringschuld derer, die hier leben wollen. Man muss sich mit den Gepflogenheiten hier abfinden. Es gibt unsere freiheitliche demokratische Grundordnung, die also auch auf den christlichen Gesetzen beruht.

Bei uns herrscht Gleichberechtigung. Da ist ein Mädchen, 18, das möchte weiter zur Schule gehen. Ist ne ganz gute Schülerin. Doch der Vater hat beschlossen, sie zu verheiraten. Die kommt irgendwo aus dem ehemaligen Süden Jugoslawiens. Das Mädchen will nicht heiraten, sagt, ich will nicht so enden wie meine Eltern, ich will arbeiten und möchte einen Mann heiraten, den ich liebe. Da gibt's Probleme. Die Familie wird das nie akzeptieren. Das haut einfach nicht hin.

Wenn ein türkischer Junge seiner Schwester verbietet, mit einem deutschen Jungen etwas anzufangen, er selber aber mit einem deutschen Mädchen zusammen ist, sieht man das wieder großzügiger. Das machohafte Verhalten dieser Jugendlichen ist

dermaßen ausgeprägt. Dabei haben sie ein wahnsinniges Selbstbewusstsein. Das fehlt uns Deutschen in dem Maße. Wir haben
kein Selbstbewusstsein. Wir entschuldigen uns schon im Vorfeld. Keiner konnte vor 20 Jahren ahnen, dass es sich so entwickelt. Ich las jetzt, dass es in Gelsenkirchen eine Grundschule
gibt, auf der sind nur noch zehn bis zwanzig Prozent der Schüler der deutschen Sprache überhaupt mächtig. Das blockiert das
komplette System. Es müsste eine stärkere Durchmischung da
sein. Aber was können sie machen, man kann ja jetzt die Menschen nicht einfach umsiedeln. Der Zug ist abgefahren.

Auch diese Veranstaltungen bringen nichts. Da ist wieder einer
vom Beirat der Muslime. Der wird wieder erklären, wie fried-
fertig eigentlich der Koran ist. Das kennen wir schon. Dann werden die Jugendlichen sich darüber beklagen, dass sie keine Ausbildungsstelle bekommen, nur weil sie Ausländer sind. Wenn ich
jetzt einen Betrieb hätte und da riefe einer an und fragt nach einem Ausbildungsplatz. Und ich versteh den kaum, merke, der
kann die deutsche Sprache nicht, dann ist es schwierig. Ganz
ehrlich, die haben keine Chance. Wenn die mal auf dem Super-
markt die Wagen zusammenschieben dürfen, haben die Glück
gehabt. Aber dann müssen sie aufpassen, dass sie am dritten Tag
nicht schon was klauen und wieder rausfliegen. Die haben keine
Chance. Von Seiten unserer Gesellschaft ist man vollkommen
hilflos.

Medinghovener Rap

Radikal Recordz, Medinghoven

Das ist meine straße das ist meine gegend
bonn-medinghoven du darfst gar nicht reden
mein block mein style meine härte
mein ghetto wo ich für die scheiße sterbe
bist du radikal nehme ich dich ernst
ich muss nicht weg gehen um zurück zu kehren
du warst nur einmal bei uns in medinghoven
wolltest ein geschäft machen wurdest abgezogen
wenn du heute faxen machst gibt es gar kein reden
messer rein knarre raus und köpfe absägen
ich meine es ernst spiel nicht mit deinem leben
keine zeit für dich mädchen ich mach mein bestes mann
du bist kein mann nenn dich nicht biznizmann
was ist los mit euch ihr kleinen kabas
ihr wisst alle genau aus der mv kommen die babas
alle sind gegen mich außer die aus meiner gegend nicht
du willst nehmen ohne zu zahlen mein freund so geht es nicht
kurdisch da kurdisch hier alles kurdisch mann
die meisten meiner freunde kommen aus kurdistan
ich sag euch nochmal ich bin der afrin
egal was passiert mv bleibt mein team
das ist meine straße das ist meine gegend
das ist mein ghetto wir kennen keine liebe
kanacken ihr wisst nichts von uns
ich kenn alle banditen
ich zähl mein geld schneller als maschinen
ich mach was ich will kenn keine regeln
geht es um geld lass ich keinen mehr reden

Im Mittelpunkt stehen Battle und Beat

Ein Student versteht die rappenden Jungs, weil das – außer Gewalt – ihre einzige Ausdrucksform ist.

Ich bin der Ali, bin 25 Jahre alt, studiere Sozialarbeit an der Fachhochschule Köln, arbeite nebenbei hier im Jugendzentrum. Ich mache hier ein Hip Hop-Projekt. Jugendliche kommen zu mir. Können Texte schreiben, Songs aufnehmen. Und ich bin dabei der Berater, weil ich mich schon mein Leben lang mit dieser Musik beschäftige. Ich habe früher getanzt, Musik aufgelegt und höre auch schon seit meiner Kindheit Hip Hop-Musik, Jazz, Soul und alle möglichen Sachen.

Meine Eltern kommen aus dem Iran. Ich war ein Jahr alt, da sind wir nach Deutschland gekommen. Das war direkt nach der islamischen Revolution. Daraufhin kam der Krieg. Und seitdem sind wir hier und haben uns ein Leben aufgebaut. Meine Mutter ist gelernte Zahnarzthelferin, aber ist jetzt hier im Verkauf tätig. Einzelhandel. Mein Vater ist Musiker, der macht persische Popmusik. Der hat sein Hobby praktisch zum Beruf gemacht und ist relativ bekannt bei den Persern, ja, kann man sagen.

Hip Hop besteht aus vier Teilen. Da ist zum einen das Rappen. dann gibt's das Djing, das Auflegen von Musik, dann das Graffiti sprühen und den Breakdance. Also Ausdruckstanz. In all diesen vier Teilen ist der Battle-Charakter beinhaltet. Der Rapper hat acht Takte, die er rappt, und dann kommt der andere dran. Das ist in New York entstanden, in den Siebzigern in der Bronx. Weil es dort hohe Kriminalität gab. Also viel Gewalt auf den Straßen, auch mit Waffen, Schusswaffen, Drogenmissbrauch und alles Mögliche. Und die jungen Leute zu der Zeit, die hatten keine Lust auf so was und hatten in dem Hip Hop was Positives, wo sie dann Abstand nehmen konnten von dieser traurigen Welt. Damals war das mehr sozialkritisch, die Themen waren politisch. Hip Hop war schon immer die Musik der Minderheiten, der Unterdrückten, derjenigen, die sich von der Gesellschaft vernachlässigt fühlen oder das auch teilweise wirklich sind. Das hat sich dann verändert mit der Zeit. Die ganze Hip Hop-Kultur. Was ich sagen wollte, ist, dass der Rap im Hip Hop drinsteckt. Ich habe darüber oft nachgedacht, warum ich mich ausgerechnet für diese Musikrichtung interessiert habe. Ich bin jetzt nicht so das klassische Beispiel von einem Unterdrückten. Ich bin hier ganz normal in die Schule gegangen. Ich hatte deutsche Freunde, ausländische Freunde. Für mich gab's da keinen Unterschied. Ich war klein und schmal und habe oftmals Prügel bezogen. 1991/92 haben die wenigsten Rapmusik gehört. Damals war noch die Dance-Floor- und Techno-Zeit. Alle meinten, was ist das denn, was du da hörst. Das ist doch Quatsch. Und später wurd's halt immer größer und kommerzieller und heute hört man es überall. Bei »Gute Zeiten, schlechte Zeiten« läuft es im Hintergrund, in der Fernsehwerbung läuft Hip Hop. Egal was man guckt im Fernsehen. Die Musikindustrie hat gemerkt, man kann viel Geld damit verdienen. Das ist jetzt salonfähig.

Bei uns im Umkreis gibt es keine Mädchen, die ich jetzt kenne. Der Rap ist sehr maskulin besetzt. Es ist so Machogehabe. Ich bin cooler als du – und das passt nicht zu einer Frau. Dennoch gibt es auch Frauen, die Rap machen. Sabrina Setlur ist halt sehr bekannt, die nannte sich früher Schwester S. Gerade das Battlen ist halt typisch männlich, dass man sich nämlich in dem battle verbal fertig macht. Und Frauen sind davon nicht so angetan. Vielleicht hören die sich das auch an, aber ich glaube jetzt nicht, dass die das gut finden, wenn da ein anderes Mädel steht und sagt, wie sehen denn deine Haare aus oder so.

Der Rap hat verschiedene Sparten. Dieser harte Rapstil, Hardcore nennt man ihn, ist gerade sehr beliebt bei jungen Leuten. Der ist für die sehr unterhaltsam und die hören sich das lieber an als irgendwie Peter Maffey. Es ist natürlich spannender, wenn einer erzählt, ich hab zehn Leute fertig gemacht und danach hab ich noch ne Bank ausgeraubt. Das ist der harte Stil, ist momentan sehr angesagt. Aber das ist auf keinen Fall das, was die in ihrer Freizeit machen. Die Rapper schlüpfen in eine Rolle sag ich mal, das ist wie beim Schauspieler auch, der Rambo. Es gibt sicher auch Rapper, die wirklich kriminelle Dinge machen, aber die meisten Jugendlichen, die machen das einfach zum Zeitvertreib, aus Spaß. Das ist für die einfach Image. Im Moment ist diese Coolness gefragt. Das bedeutet, es ist besser und cooler, wenn einer schockiert, als wenn er über Blumen und Apfelkuchen rappt. Das ist nicht so in.

Ich hab denen mal Sachen von mir gezeigt, die fast schon romantisch sind und die sagen, äh, was iss das denn? Das wollen die nicht. Das ist schade. Die älteren Hip-Hopper, die jetzt so wie ich Mitte 20 sind, die können sich damit nicht identifizieren. Die sagen, was soll das. Die hören lieber die Fantastischen Vier, die so spaßigen, lustigen Rap gemacht haben, den es ja auch gibt.

Die 15-, 16-, 17-Jährigen sind fasziniert von der harten Schiene. Viele haben halt keine Schulabschlüsse, sind weniger erfolgreich. Kriegen keine Ausbildungsplätze. Da kommt dann Frust auf. Die lassen dann in der Musik den Frust raus. Genau so wie der Boxer im Boxverein dann boxen geht. Rap ist für die ne Art, ihren Frust rauszulassen. Und die sind dann auch sauer. Der eine ist dann sauer auf den Lehrer, der andere ist dann sauer auf die Gesellschaft. Da werden Schuldige gesucht.

Früher waren die Texte auf Englisch. Da gab's halt den amerikanischen Rap, damals, als der deutsche Hardcorerap noch nicht so bekannt war. Jetzt gibt's die gleichen Texte auf Deutsch. Die Gewalt gab's früher auch schon in den Städten, zum Beispiel das in München, was da passiert ist in der U-Bahn. Nur jetzt sind die Rapper da, die reden über diese Themen. Die bringen das dann in ihren Texten. Natürlich sagen dann viele, Rap-Musik ist nicht gut. Das muss man verbieten, zensieren. Iss so en Thema für sich. Weiß man nicht genau, was man davon halten soll. Nicht jeder Jugendliche verarbeitet das gleich, genau so wie mit Computerspielen, Actionfilmen. Der eine guckt sich das an und ist danach total normal und gelassen. Und ein anderer, der eventuell auch andere Probleme hat, psychischer Art, oder familiär oder in der Schule wie auch immer, der dreht dann am Rad. Das ist halt die Gefahr.

Das ist der Battle-Charakter, der das mit sich bringt. Weil beim Battle, ist ja aus dem Englischen der Kampf, da geht es halt darum, den anderen platt zu machen. Es gibt halt Rapper, die Battle-Texte schreiben. Wenn man sich die Texte anhört, denkt man, das ist eine zum Wort gemachte Schlägerei. Man kann sich's bildlich vorstellen. Wenn ältere Leute diese Jungs sehen, mit ihren Bomberjacken und den abrasierten Haaren und ihrem aggressiven Auftreten, ich kann mir gut vorstellen, dass die Angst haben. Aber in Wirklichkeit sind die Rapper, wenn man sich mit denen unterhält, ganz normale Jungs. Also gerade durch die Arbeit hier hab ich das auch gemerkt, die sind nicht so, wie man die sich vorstellt.

Der hier in der Nähe lebende, erfolgreiche Rapper Xatar ist halt ein Vorbild, weil er aus ihren Reihen stammt. Er ist ein Lokalheld, kann man sagen. Er ist hier aufgewachsen und ist jemand, zu dem schaut man auf. Der hat's geschafft. Der hat Videoclips, der wird auf der Straße erkannt. Vielleicht gibt er sogar Autogramme. Hat ein schickes Auto. Ich dagegen bin der soziale Typ mit einem kleinen Gehalt, während Xatar das dicke Auto fährt. Klar, dass die Jugendlichen eher so sein wollen, wie der. Keiner hat mir jemals gesagt, wir wollen so sein wie du.

Rapper

Jugendpfleger beobachten die Szene.

Die MV-Rapper sind in Konkurrenz zu anderen Gruppen. Die Badgos haben mir mal gesagt, sie seien die Nummer drei in Bonn. Das war für mich neu, dass es da so eine Rangliste gibt. Die Nummer eins ist nach deren Angaben die Innenstadt. Die haben den Vorteil, ältere erfolgreiche Jungs zu haben. Also Schläger, solche Bully-Typen. Das ist der Nachteil der MVler. Das sind alles so 15- bis 17-Jährige. Die haben dann nicht so viel zu bieten. Weil die älteren Geschwister, wenn sie welche haben, schon gescheit geworden und in Lohn und Brot sind. Einen Beruf haben. Das ist ganz interessant. Deswegen ist es für uns ein Phänomen, dass diese Zweitgeborenen oft auf die schiefe Bahn geraten. Und die Nummer zwei für die ist Tannenbusch. Tannenbusch Center oder so. TBC.

Auch die Polizei spricht von Gang. Für mich ist es eine Gruppe, die sich auch viel mit Straftaten brüstet. Die sich im Stadtteil selbstbewusst verhält und sagt, mir gehört der Stadtteil. Oder, es gibt hier viele checkys, das heißt, was man mal abchecken kann, klauen kann. Bei meinem Gespräch im Sommer vor Ort mit den MVlern habe ich die jüngeren Kinder kenngelernt, die die Großen anhimmeln. Und dann sagen uns die MV-Rapper, zeig doch mal der Frau, wie du abcheckst. Da steht der Kleine, wie alt ist er?, zehn, elf Jahre mit nem Tigerentenfahrrad in diesem desolaten Medinghoven in der Ladenzeile und grinst mich an und sagt: Ja, da hau ich dem Jungen auf den Kopf, solang auf den Schädel, bis der taub ist. Also, es ist so eine Unerschrockenheit und diese Gefühllosigkeit, dass selbst ich als Pädagogin erst mal sprachlos bin und mir die Spucke wegbleibt. Und dann denke ich, zu den älteren der MV-Rapper haben wir jetzt Kontakt und mit denen ein Musikevent gestaltet, wo wir mit denen Musik gemacht haben, wo wir jetzt auch Liedertexte schriftlich bekommen haben, wo wir Einfluss genommen haben, dass die Texte auch etwas braver sind … Aber da merkt man, dass wir auf die nachfolgende Generation acht geben müssen. Das ist so mein jugendpflegerischer Input. Wir müssen die Hoffnung nicht ganz aufgeben. Bei den Rapper-Texten ist für mich noch viel Phantasie dabei. Es ist so eine Abgrenzung, weil im Grunde genommen schon eine gewisse Arroganz gegenüber den Deutschen da drin ist. Werden irgendwann Deutschland übernehmen. Wir kriegen die Kinder. Das ist so eine Arroganz, den Kartoffeln gegenüber. Ihr seid ja so blöd, ihr erlaubt ja alles. Ihr habt die Gesetze, die geben alles her. Verhaltet euch entsprechend. Ihr habt ja die Möglichkeit, nach dem Koran zu leben. Macht es geschickt und irgendwann gehört uns diese schöne Welt hier, die regenreich und grün ist. Wir haben dann eine Türkei hier oben.

Da müsste man an vielen Stellen gegenhalten. Dieses Männer-, Frauenbild. Es gibt immer noch eine ganze Reihe von Frauen, die versteckt werden oder in ihrem Clan hängen. Wehe, die rühren sich in den Stadtteil hinaus. Zu denen haben wir Kontakt in Nähkursen, Frauenzentren, machen Beratungsangebote, wo man nicht nur die Sprache erwirbt, sondern auch Zugang zu den Frauen hat und über Beschneidung und ich weiß nicht welche Themen redet, vor allem Alltagsprobleme. Die sind so geballt diese Probleme, dass sie auch nie gelernt haben, wie man Kinder richtig erzieht. Das sind ganz viele Probleme, ihre eigene Sexualität, über ihr Selbstbewusstsein, ihre Rechte. Das sind ganz viele Dinge, die in den Familien brach liegen und wo wir viel Arbeit leisten müssen.

Den hiesigen Rapper, den Xatar, den himmeln sie an. Also das hab ich am Brüser Berg gemerkt. Auch bei den MVlern. Xatar ist ein ganz gefährliches Vorbild. Er hat eine weiterführende Schule besucht. Hatte höhere Ziele gehabt. Hat das dann abgebrochen. Und hat sich dann als Geschäftsmann versucht. Hatte hier so ein Internet-Café gehabt. Und dann urplötzlich schlug er den Weg ein, Rap-Sänger zu werden. Wir versuchen zu vermitteln, Leute, geht zur Schule, denn wenn ihr zur Schule geht, habt ihr gute Bildungschancen, dann könnt ihr auch viel Geld verdienen. Viele Jugendliche argumentieren auch damit, wenn man sagt, such dir nen job, geh doch zu McDonald arbeiten, dann sagen die, für 6,50 Euro gehe ich nicht arbeiten. Die haben es nicht verstanden, ohne Bildungsabschluss werden sie nie über 6,50 kommen. Natürlich, wenn dann Xatar mit seinem Mercedes-Geländewagen vorfährt, der circa 20.000 Euro gekostet hat, ist er der lebende Beweis, dass man auch ohne Schulabschluss und ohne Berufsausbildung zu Geld kommt.

Die MV-Rapper sind vier Leute: Einer ist Kurde aus Syrien, einer von der Elfenbeinküste, einer aus Sizilien und einer aus Algerien. Xater spricht den Kids mit seinen Texten aus der Seele. Da geht's um Nutten, Nutten, Nutten und wir sind die Kanaken. Es kommt einfach gut an.

Medinghovener Rap
Radikal Recordz, Medinghoven

in meinem viertel fühlt man sich wie im heimatland
die meisten meiner leute haben hier keinen anstand
in meinem viertel machst du alles kriminal
in meinem viertel läuft alles radikal
hart und brutal geht es auf der straße
die meisten meiner freunde waren schon im jugendknast
jetzt wissen alle wieso du keine jugend hast
lederjacke tradition
das ist medinghoven
wo die meisten asis wohnen
du willst mich anzeigen
ich ficke deine polizei
wir treffen uns im gerichtssaal
wir bleiben auch wenn es dir nicht passt
die meisten auf meiner straße besitzen einen deutschen pass
zuhälterei bringt dir das meiste
hier lernst du cocakochen
siehst du meine hochhäuser
in meinem viertel machst du alles kriminal
in meinem viertel läuft alles radikal

Burkas und Gesichtsmasken

Eine alteingesessene Bad Godesbergerin beobachtet aufmerksam die Veränderungen.

Wenn Sie im Sommer über den Theaterplatz gehen, sehen Sie viele Frauen in Burkas, zum Teil auch mit Gesichtsmasken. Die kommen überwiegend aus den Emiraten und die kommen immer noch wegen des Gesundheitsangebots. Sie finden hier kaum eine Apotheke, die keinen arabisch sprechenden Mitarbeiter hat. Hier sehe ich arabische Großfamilien hineinströmen, die im Rundschlag Medikamente einkaufen. Die kommen aus verschiedenen arabischen Ländern: Saudi Arabien, Irak oder so. Sie haben das nötige Kleingeld, um sich hier behandeln zu lassen. Die große Klinik, das Waldkrankenhaus, hat sehr viele solch arabischer Kunden. Die kommen gerne im Sommer, weil es da in ihrem Land sehr heiß ist, und sie genießen es, wenn der Sommer hier verregnet ist. Die prägen das Stadtbild von Godesberg, speziell im Sommer. Sie leben in einer dieser überbelegten Wohnungen, die von Arabern angemietet wurden. Für Araber. Nur für eine bestimmte Zeit. Die ganz Reichen wohnen in Hotels. Platz ist genug da, es gibt ja genug Leerstände.

Die Araber gibt es hier nicht. Denn neben diesen Arabern, die einfach nur viele Monate im Jahr da sind, um sich behandeln zu lassen, die also eine Art Gesundheitstouristen sind, gibt es die Gruppe der hier geborenen Migrantenkinder. Marokkaner, die den ganzen Tag rumhängen, wenn sie nicht vor der Kiste hängen und irgendwelche arabische Hetzsender sehen. Ansonsten laufen sie rum und wissen nicht, was sie machen sollen.

Ich kenne Mütter aus allen arabischen Ländern, auch Afghanistan, mit denen wir an der katholischen Grundschule in Mehlem wöchentlich zusammensitzen, wenn's um weiterführende Schulen geht. Also ich kriege mit, wie wichtig es denen ist, dass ihre Kinder vielleicht sogar das Gymnasium schaffen. Man sollte den Blick nicht nur so verengen auf Migrationshintergrund gleich chancenlos. Es gibt auch vieles andere.

Das Besondere in Bad Godesberg ist, dass der arabische Anteil an hier lebenden Menschen sehr viel größer ist als in anderen deutschen Städten. Das hängt mit zwei Dingen zusammen: Zum einen kamen hier schon in den Siebziger Jahren Arbeitsmigranten aus Marokko hin. Während woanders Türken zugezogen sind, waren es hier Marokkaner. Viele zogen nach Friesdorf, in einen Stadtteil, der interessanterweise vor dem Krieg sehr stark von Kommunisten bewohnt wurde, was ja auch etwas Besonderes in Godesberg ist. Der Marokkanische Kulturverein in der Bonner Straße war der erste seiner Art in Deutschland. Der ist nämlich schon irgendwie 1978 eröffnet worden. Das heißt, von den Arbeitsmigranten her gibt es halt die Gruppe der Marokkaner. So, dann haben wir eine Gruppe reicher Menschen vielfach aus den Emiraten, die kommen nur für kürzere Zeit her, weil sie sich medizinisch behandeln lassen in den vielen Kliniken. Und es kommt eine Gruppe Mediziner, die hier ihre Facharztausbildung machen. Das ist auch etwas Besonderes.

Wenn das Leute sind, die nur kurz hier leben, dann schicken die ihre Kinder auf die Fahd-Akademie. Voraussetzung ist ja, dass die Kinder hier nicht dauerhaft ihren Lebensmittelpunkt haben. Für Familien, die ein, zwei, drei Jahre vielleicht hier sind, ist das dann eine Option. Andere wiederum sind extra wegen dieser König-Fahd-Akademie hierhergezogen. Nachdem die Bundesregierung umgezogen ist und die Akademie viele Schüler verloren hat, wurde im arabischen Umfeld regelrecht darum geworben, dass man sein Kind dort arabisch und eben auch islamisch geprägt ausbilden lassen kann. Das hat dazu geführt, dass eben viele Familien, die für ihr Kind so was möchten, ihr Kind auf diese Schule geschickt haben. Weil es in Deutschland ja keine muslimischen Schulen gibt. Das sind natürlich Familien, die eher ein sehr konservatives Islamverständnis leben.

An der Akademie geht man bis zum saudi-arabischen Abitur. Doch die Schüler werden jetzt von Jahrgang zu Jahrgang immer weniger. Da kommt nichts mehr nach, weil die Stadt eben die Genehmigungen für den Betrieb der Schule nicht mehr erteilt hat. Der Grund hierfür waren die vielen Schlagzeilen darüber, was hier wohl gelehrt wird und ob das mit unserem deutschen Schulverständnis vereinbar sei. Es leben aber weiterhin diese Familien in Godesberg, zum Teil haben die noch Kinder auf der Akademie, zum Teil sind die Kleinen schon auf die anderen Grundschulen verteilt worden Dort bilden sie eine nicht unbedingt homogene Gruppe. Auch unter den Schülern der Fahd-Akademie erlebe ich sehr unterschiedliche Menschen, mit sehr unterschiedlichen Einstellungen. Ich kenne im Müttercafé etliche Frauen, deren Kinder die Akademie absolviert haben oder noch auf dieser saudi-arabisch finanzierten Schule sind. Ob diese Ausbildung sie für Deutschland fit macht, ist die andere Frage, aber viele Schüler haben das Studienkolleg gut bestanden und haben hier in Deutschland studiert. Hauptsächlich Naturwissenschaften.

Wir leben in einer Stadt, die von Internationalität geprägt ist. Über 170 Nationalitäten leben hier. Aber wir müssen einen Weg finden, wie sie zusammen leben können. Wir lieben nicht nur deren Küche oder umgekehrt, sondern wir nähern uns auch im Zuge der verschiedenen Religionsansätze, wir diskutieren miteinander. Das hat's ja vor 10, 15 Jahren in der Form nicht gegeben.

Ich glaube schon, dass diese Menschen mit uns was zu tun haben wollen. Früher hätte man in der Pädagogik gesagt, die Auswüchse, die Gewalt, das sind Hilferufe. Das sind Hilfeschreie der so genannten Machtlosen. Ich glaube, es ist nicht nur ein Hilfeschrei, sondern ein Zeichen der Ohnmacht. Es ist Ausdruck von Perspektivlosigkeit, die sich breit gemacht hat, und dem müssen wir entgegen treten. Unsere Gesellschaft muss es schaffen, Perspektiven zu entwickeln. Das muss nicht bedeuten, dass alle

Abitur machen müssen, aber jeder muss in der Gesellschaft seine Nische finden können. Denn ohne Aufgabe ist der Mensch platt. Warum haben sich diese Parallelwelten entwickelt? Einmal die Perspektivlosigkeit. Dann zu wenig Achtsamkeit darauf, dass diese Menschen auch Ressourcen sind mit allen Stärken aber auch Schwächen. Und das gilt auch für die deutschen Jugendlichen. Wenn ich einem immer wieder sage, dass er der underdog ist, dann glaubt er das auch. Dann versucht er dem, der mehr Geld in der Tasche hat, dieses Geld aus der Tasche zu ziehen. Dann kann ich das nicht für gut heißen, aber ich kann nachvollziehen, dass er auf ihn wütend ist.

Wir reden immer nur darüber, wie hoch ist der Rassismus von rechts. Aber bei Jugendlichen mit Migrationshintergrund ist der untereinander extrem hoch. Ein Araber ist ja nicht unbedingt wohlgesonnen einem Deutschrussen gegenüber. Weil er sagt, du hast ja ungeheure Privilegien. Oder türkische Jugendliche, die in der ersten oder zweiten Generation hier sind. Auf einmal kommt eine türkische Gruppe, frisch aus der Türkei, selbst die verstehen sich untereinander nicht.

Früher war alles ganz anders

Ein engagierter Lehrer stellt das Päda-Schulkonzept vor.

Ich bin in Bad Godesberg aufgewachsen, lebe seit nunmehr 60 Jahren hier, bin hier zur Schule gegangen und habe irgendwann beschlossen, auch hier als Lehrer zu arbeiten. Ich wohne gleich um die Ecke im Villenviertel. Dort ist mein Elternhaus. Wir sind eine Familie, die aus Ostpreußen gekommen ist 1946/47. Hier gab es eine Tante, der ein Haus gehörte. Und da die Familie nichts hatte, nahm die uns auf. Mein Vater ist Diplom-Mathematiker gewesen. Er kam hier nach Bad Godesberg und hat im Verteidigungsministerium gearbeitet, so dass wir auch eine Familie sind, die mit Bonn als Regierungsstadt etwas zu tun hat.

Bad Godesberg war eigentlich immer ein besonderer schöner Ort, ein vom Krieg nur rudimentär beschädigter Ort. Es war ein recht beschauliches Leben hier. Ich habe eine schöne Kindheit verlebt, gerade hier in diesem Viertel. Alles grün. Man konnte überall spielen. Wir hatten zwei Omas am Ort gehabt, so war unser Haus immer voll mit Menschen. Und jetzt wohne ich in dem Haus allein mit meiner Frau. Das ist natürlich ein Kontrast.

Dieses Villenviertel ist ein künstliches Viertel, das zu Beginn des letzten Jahrhunderts auf dem Reißbrett entstand. Entworfen als reines Wohnviertel für circa 1.000 Haushalte. Heute haben wir in diesem Viertel zwar Altenheime, aber nur einen einzigen Sportverein. Jugendliche haben hier nichts. Es gibt Kneipen, aber wenn sie 16 sind, haben sie nicht das Geld, jeden Tag in die Kneipe zu gehen.

Bad Godesberg hat sich sehr gut entwickelt in der Zeit, als die Bundesregierung hier war, ist immer eine sehr internationale Stadt gewesen. Wir hatten mit Menschen aus verschiedenen Regionen zu tun gehabt. Das fand ich immer sehr belebend. Unsere Internatsschule vom Päda ist ein vor 125 Jahren gegründetes

Privatgymnasium. Die Idee der Schule ist vor allen Dingen, auch Internatsschüler aufzunehmen von Anfang an. Und die Idee war – später das Godesberger Modell –, dass Kinder in intakten Familien wohnen sollten. Es sind als Hauseltern Familien mit ihren Kindern gewesen, die dann mit den Internatsschülern zusammen in einem Haus gewohnt haben. Im Internat. Das System ist noch heute intakt. Pro Familie waren in der Regel zwei Schüler und dann kamen dazu studentische Hilfskräfte als Erzieher. So werden heute noch die Häuser geführt. Vier Häuser laufen noch im Internat, drei werden von einem Ehepaar mit Kindern geführt. Insgesamt 840 Schüler hat das Päda im Moment und davon sind etwa 70 Internatsschüler. Die haben natürlich einen Internatsbeitrag zu zahlen, der liegt so bei 1.600 bis 1.700 Euro monatlich. Die Schüler kommen aus dem Großraum Köln, dem Ruhrgebiet. Wir hatten Zeiten während des irakisch-iranischen Krieges, da waren viele Iranis an unserer Schule. Zur Zeit sind kaum ausländische Kinder hier. Wir hatten auch mal sehr viele Kinder, die kamen über das Jugendamt. Das hat man wieder zurückgefahren. Die Städte und Kommunen haben das finanziert. Das ist deutlich günstiger als ein Heimplatz. Es war ein reformpädagogischer Ansatz. Die Idee, Kopf, Herz und Hand mit handwerklichen Dingen zu vereinbaren. Ansonsten sind wir ein klassisches Gymnasium, mit einem Schwerpunkt, was die musischen Dinge anbelangt. Musik, Theater, Sport, Werken, Kunst. Wir fangen an mit Englisch, ab der Sechs Latein oder Französisch.

Hier in Bad Godesberg gibt es die größte Dichte an Gymnasien in Deutschland, die Konkurrenz ist nicht schlecht hier, aber wir behaupten uns von der Schule her ganz gut. Der Ruf ist ganz gut. Es gab mal Zeiten, wo er anders war. Es gab mal so eine Zeit, wo das Päda mal als Schule galt, in der man auch schwierige Schüler gut abgeben konnte. Das schafft nicht immer von außen Anerkennung. Dann hat man das als eine gewisse Gefahr gesehen. Dem ist man begegnet, indem man in der Aufnahmepolitik gegengesteuert hat. Jetzt als alter Pädaner meine ich, dass man doch auch wieder schwierigere Schüler aufnehmen sollte, wenn das so eine Klasse verträgt. Wir sind dabei, da einen vernünftigen Weg zu finden.

Unsere Schüler kommen eher weniger aus der türkisch-marokkanischen Community. Das Klientel ist gut bürgerlich. Wir haben auch viele Handwerker aus dem Godesberger Raum. Aber früher waren es viele Angestellte des Bundes, Beamte, jetzt sind es mehr Leute aus den Telekommunikationsbetrieben. Aber es ist eine Mischung, bei der wir uns bewusst sind, dass das schon auch eine Auswahl ist. Wir haben ein entsprechendes Aufnahmeverfahren. Von 360 Bewerbern werden circa 86 bis 90 genommen. Geschwisterkinder werden bevorzugt. Wir legen sehr großen Wert auf Familien, die wir kennen. Hat natürlich auch mal den Nachteil, dass man Geschwister kriegt, die von den Voraussetzungen nicht so passen. Da wir sie nicht ablehnen, waren wir hinterher schon mal der Meinung, wir hätten es doch tun sollen. Die Nähe zur Schule spielt eine Rolle, die Eignung muss zweifelsfrei sein, da gibt's keinen Kompromiss, in der Regel müssen es gute Schüler sein.

Es geht doch auch ohne die deutsche Sprache

Ein Migrant ärgert sich über Ausländer, die sich abschotten und kein Deutsch lernen wollen.

Bei mir war es so, dass meine Eltern Wert auf Bildung gelegt haben. Ich musste zur Schule. Ich wurde kontrolliert. Hast du deine Hausaufgaben gemacht oder nicht. Meinen Abschluss, den musste ich halt machen, ganz normal wie alle anderen Kinder auch. Wenn da keiner hinterher ist und das nicht kontrolliert, das ist dann wie ein Teufelskreis. Irgendwann biste dann aus der Bahn raus, der Lehrer interessiert sich dann nicht mehr für dich. Der sagt sich, aus dem wird ja eh nix, die kriegen dann noch gesagt, ihr seid Versager, ihr schafft es eh nicht. Irgendwann glauben sie dran, haben kein Selbstbewusstsein und denken sich, ach, ich bin eh nichts wert. Ich hab von Jugendlichen gehört, da war einer, der war 19. Der sagt zu mir, ich will nicht mehr leben. Es geht bei mir nicht mehr weiter. Ich merk keine Veränderung. Der hängt jeden Tag rum und es passiert halt nichts. Es ist ja klar, das frustriert den. Natürlich sagt man dem, komm, das wird schon, du wirst bestimmt nen Job kriegen und dann wird alles super. Aber die lassen sich dann hängen.

Da gibt's Leute, die arbeiten schon seit Jahren hier in Deutschland, verdienen auch gutes Geld, und sprechen kein Wort Deutsch. Einer, den ich kenne, ist türkischer Abstammung, geht in seiner Freizeit ins türkische Café. Hat nur türkische Freunde und guckt auch nur türkisches Satellitenfernsehen. Aber er ist Maler und Lackierer und verdient Geld damit. Aber wozu sollte der denn Deutsch lernen? Klar, wenn der Vater nicht Deutsch kann, dann versteht er nicht, wenn ein Brief von der Schule kommt, was da drin steht. Das sind so Probleme.

Die einen, die kriegen die Kurve noch und schaffen's dann und haben irgendwelche Beziehungen und kommen doch in einen Job rein. Bei den anderen ist es zu spät. Ich habe einen gekannt, in meiner Nachbarschaft, der ist so alt wie ich. War jetzt drei Jahre im Gefängnis. Der sagt, ich bereue total, was ich früher gemacht hab. Bin nicht zur Schule gegangen, habe nur schlechte Noten gehabt. Habe damit noch geprahlt früher und dann Delikte begannen, Einbrüche, Körperverletzung, alles, was es so gibt. Heute sagt er, ich bereue das alles, aber für mich ist es zu spät. Der ist in diesem Sinne verloren. Wer will denn so einen noch einstellen? Die wollen dann immer die Akte haben. Dann heißt es direkt, wir können Sie nicht einstellen, Sie haben schon zu viele Chancen verbraucht.

Wenn ich in meine alte Heimat fliegen würde, da würden die sagen, du bist ja der Europäer, du bist nicht einer von uns. Und hier, wenn du zum Schützenfest ins Zelt reinkommst, gehörst du auch nicht so hundertprozentig dazu. Da biste dann der Schwarzkopf. Ich spreche gut Deutsch. Es kommt schon mal vor, hey Asi! auf die Art. Die wissen nicht, was ich mache, wer ich bin, die sehen in mir nur den Asozialen. Und wenn die dann merken, der Typ kann normal reden, der flippt jetzt nicht gleich aus und haut mit der Faust irgendwo gegen, dann sind die schockiert. Wenn ich abends mal weg gehe in die Disco, dann kommt's häufiger vor, dass wir nicht rein kommen. Tut mir leid, ihr kommt nicht rein. Die Schuhe passen nicht, deine Nase gefällt mir nicht, wie auch immer. Irgendwas wird dann als Grund genannt, aber wir wissen genau, warum es eigentlich geht: Wir sind als Ausländer unerwünscht. Das ärgert mich sehr. Vor allem, wo ich mich aufgebrezelt habe für den Abend, und dann komm ich da nicht rein und muss dann enttäuscht nach Hause gehen oder wo anders hin. Ich geh hier durchs Leben, ich mache mein Studium, ich tu keiner Fliege was, und dann komm ich da hin und dann sagt der Typ ne, du machst da bestimmt nur Ärger. Man fühlt sich dann irgendwie komisch in dem Moment. Aber was einen nicht umbringt, macht einen nur stärker.

Viele Jugendliche, egal ob deutsch oder ausländisch, nehmen

dieses Döner-Türkisch an. Damit sie ja nicht auffallen. Das finde ich hochdramatisch. Statt, das kostet viel Geld, sagen die: Das kostet teuer. Das ist einfach falsch. Deutsch wie auch grammatikalisch. Aber die verstehen sich untereinander. Dann steht in der Zeitung, ein Ausländer war das. Überall steht das immer. 16-jähriger Ausländer wurde dort gesehen. Überall. Im Blickpunkt. Im Schaufenster der Zeitungen. Steht immer drin nur Ausländer. Verdacht. Immer nur Verdacht. Vielleicht hat man die ja gesehen. Aber es muss ja nicht immer ein Ausländer sein. Heutzutage laufen die Deutschen ja genau so rum wie die Ausländer. Die haben so einen Klamottenstil. Oder bei den Haaren. Vorne kurz und dann hinten im Nacken ein bisschen länger. Da laufen ja nicht immer nur die Ausländer mit rum. Die färben sich ja die Haare und gehen auf die Sonnenbank, dass die so aussehen wie wir. Ja. Das ist wirklich so. Sie müssen mal nach Köln fahren. Da sehen alle gleich aus. Sie denken, das ist ein Türke oder Marokkaner. Vom Aussehen her. Die Deutschen reden ja auch schon so wie die. Deutsche sagen, ja ich. Die Ausländer sagen, isch. Ich kann das nicht aussprechen. Das machen die Deutschen dann auch so nach. Die hängen da nur mit Ausländern rum, oder zumindest mit den Leuten, die so sprechen und dann gleichen die ihre Sprache an deren Sprache an. Eh Bruder oder so was. Eh Nigger oder so. Ich rede nicht so. Ich rede normal.

Ich kann nicht sagen, dass ich Deutscher bin, ich kann nicht sagen, dass ich Perser bin

Ein jugendlicher Migrant weiß nicht so recht, wo er eigentlich hingehört.

Meine Eltern sind Perser. Wir sind vor etwa 25 Jahren nach Deutschland gekommen. Ich bin auf dem zweiten Bildungsweg auf ein Berufskolleg mit Schwerpunkt Medienkommunikation gegangen und habe dort meinen Abschluss gemacht. Zur Zeit bin ich Zivildienstleistender an der Diakonie. Ich würde gerne in Richtung Medienmanagement gehen. Später einmal. Geboren bin ich in der Bonner Südstadt. Mein Vater war politischer Flüchtling. War nie ein Thema. Auch nicht bei uns zu Hause. Er hat dann hier irgendwie studiert und gearbeitet. Ist Mediziner. Meine Mutter hat Zahnmedizin studiert. Hat noch ein Kind bekommen. Mein Vater hat dann gesagt, nur er geht arbeiten.

Ich habe ja beide Kulturen mitgenommen. Und ich kann nicht sagen, dass ich Deutscher bin, ich kann auch nicht sagen, dass ich Perser bin. Ich würde sagen, ich bin Europäer. Persisch ist auch eine indogermanische Sprache. Es gibt viele verwandte Wörter mit Deutsch, Englisch und Französisch. Einmal vor sieben Jahren war ich zwei Wochen im Iran. Habe dort viele Verwandte. Als ich die Leute gesehen und kennengelernt habe, hatte ich schon so ein vertrautes Gefühl. Trotzdem hätte ich mir nicht vorstellen können, dort zu leben, obwohl ich weiß, dass dort meine Wurzeln liegen.

In der neunten Klasse musste ich mal für ein paar Stunden weg, weil mein Vater seine Promotionsfeier an der Uni Bonn hatte. Die Lehrerin machte daraufhin eine blöde Bemerkung. Guckte ganz erstaunt. So, wie, der Vater – promoviert? Was soll das denn? Na ja, ich denke das war Neid. Selber hat sie es zu nix gebracht. Verdient etwa so 1,8 Mille im Monat und mein Vater macht ungefähr das Drei- bis Vierfache. Ist ja auch nicht so wichtig. Aber einer, der von ganz wo anders herkommt und mehr erreicht hat und dazu noch jünger ist als diese Deutschlehrerin, die ungefähr jeden Tag rumsitzt und absolut deprimiert ist und so. Da kommt Neid auf. Anders kann ich mir ihre Reaktion nicht erklären. Bei einem Deutschen hätte sie nicht so reagiert. Ne, hätte sie nicht, bin ich mir relativ sicher.

Die meisten meiner Freunde sind deutsch, mexikanisch, österreichisch-ungarisch, gambiadeutsch. Da ich zwei- oder vielmehr dreisprachig aufgewachsen bin – Englisch, Farsi und Deutsch –, kenne ich nicht in jeder Sprache alle Wörter. Wenn mir dann ein Wort nicht einfällt, das sind so Momente, wo die anderen das halt wissen und man selber nicht und so. Meist fragt man dann nach und es ist ok. Manche gucken allerdings schon mal erstaunt, wie, du weißt das nicht. Ja, schön, sag ich dann. Ich kann jetzt schon drei Sprachen. Was willste eigentlich?

Die Mutter einer Freundin war Arabern und Iranern gegenüber ein bisschen negativ eingestellt. Weil sie selber schlechte Erfahrungen gemacht hat, als sie ein paar Jahre in Dubai verbrachte. Die meinte halt so, Frauen, die Iraner oder Araber heiraten, die dürfen gar nichts. Das hörte sich so an, als wenn alle Frauen nichts dürften. Und das von einer Frau, die immer sehr auf gebildet und sehr auf klug tut. Einer angeblich so toleranten Lehrerin und SPD-Wählerin. Die schmeißt einem dann so einen Dreck um die Ohren.

Ich bin in zwei Kulturen aufgewachsen. Daher kann ich vergleichen. Die Deutschen sind viel bürokratischer. Halten mehr Ordnung. Die Perser sind viel gelassener. Die sind viel lockerer drauf. Und ich bin irgendwie eine Mischung, glaube ich, aus beidem. Ich nehm es halt mit der Pünktlichkeit nicht so genau.

Ich wollte mal eine Wohnung mieten. Rief bei dem Vermieter an. Hallo! Habe dann meinen Nachnamen gesagt. Daraufhin druckste der rum, ja, die ist schon weg. Tschüss. Tut mir leid. Woraufhin ich einen deutschen Freund bat, da mal anzurufen. Und siehe da, plötzlich war sie doch noch frei.

Die anderen sind es auch selber schuld. Wenn man sich nicht bemüht, ein einigermaßen sauberes Deutsch zu reden, gar kein Interesse so richtig zeigt an Integration, immer sein eigenes Ding durchzieht und sagt he, ich hör nur türkische Musik, ich häng nur mit Türken ab. Das sind die Leute, die die Deutschen dann blöd anmachen. Und das ist in Bad Godesberg sehr sehr stark. Da treffen die beiden Welten absolut aufeinander.

Es gibt in Godesberg in Anführungszeichen ein Ghetto. Das ist kein wirkliches Ghetto. Aber Leute, die aus niedrigen Verhältnissen kommen, wo die Wohnung ein paar Hundert Euro kostet, wohnen gleich nur ein paar Straßen weiter neben Villen, die ein paar Millionen Euro kosten. Aber nicht alles, was nach Reichtum aussieht, ist auch tatsächlich reich. Unter den Ako- und Päda-Schülern gibt es auch viele Blender. Neunzig Prozent der Leute, die da rumlaufen, sind alles Blender. Der Rest hat wirklich Geld. Ist ja alles gut und schön. Aber die provozieren's dann auch. Durch ihr Auftreten. Durch die langen zurückgegelten Haare. Durch die Rolex vom Vater und durch ihre Gucci-Taschen. Andere plappern irgendwas nach, was sie mal irgendwo gehört haben. Ausländergesocks und so was. Freche Schnauze. Machen einen auf Geld und reich. Uns kann ja keiner was!

Wenn ich ein Deutscher wär, wär ich so Richtung Ako-Typ. Ich bin so ein Mix aus beidem. Die Akos sagen, der gehört irgendwie zu uns. Die anderen dagegen auch, der sieht nicht so aus wie wir, aber trotzdem gehört er zu uns. Irgendwie werde ich niemals Stress mit beiden haben. Ich weiß, wie ich mit beiden reden muss, mit den Akos und mit den Ausländern. Die sind beide, glaube ich, gleich. Jeder will irgendwie zeigen, was er hat. Die einen gönnen es den anderen einfach nicht.

Die Akos, die werden dann beleidigend und sagen, ja, ja, der Scheißtürke oder sonst was. Was hat der sich da wieder geklaut. Wie kommen die bloß an den BMW ran? Wie kann das sein? Mein Vater hat studiert und hat auch grad mal nen BMW. Alle Türken fahren doch BMW. Die anderen sind dann auch irgendwie sauer. Was sind das für Weicheier, die einfach die Sachen vom Vater anziehen? Alles in den Arsch gesteckt kriegen. Die einen lassen's sich in den Arsch stecken von den Eltern und die anderen ziehen irgendwelche Leute ab.

Eigentlich merkt man das auf den ersten Blick nicht, wenn man nach Bad Godesberg kommt. Eigentlich ist es ganz friedlich. Es gibt bestimmte Gruppen, es gibt bestimmte Orte, ist alles nur ein kleiner Bruchteil.

Ich darf zu niemandem Salemaleikum sagen

Eine Migrantin lebt ein Leben voller Verbote – und macht dies nicht länger mit.

Ich bin Margret. Ich werde nächste Woche 25 und mein Sohn ist vier. Mein Mann kommt aus Libyen und ist 35. Wir sind seit einigen Monaten in Bonn, kommen aus Thüringen. Wir sind dort weggegangen, weil es sehr erdrückend war. Auf dem Arbeitsmarkt sowieso. Ich hatte auch am Anfang ne Arbeit. Ich hab im Büro als Telefonistin gearbeitet. Und dann wurde ich krank. Und dann hab ich die Kündigung bekommen und seitdem bin ich zu Hause. Mein Mann ist von Beruf Vermessungsingenieur, ist aber auch zu Hause. Wir leben beide von Hartz IV. Wir haben wochenlang, bis vor zwei Tagen, auf das Geld von der Arge gewartet und durch diese schwere finanzielle Situation muss ich ehrlich sagen, habe ich auch viele Freundschaften knüpfen können und viele menschliche Reaktionen erleben dürfen. Die Menschen, die hier wohnen, die kennen die Situation und können ganz gut damit umgehen und dementsprechend helfen, auch wenn es manchmal nur mit Worten ist. Das war wirklich toll. Ich kann mich sehr schlecht verstellen und habe dann den Leuten unsere Situation geschildert. Einige kamen dann schon mal mit Gemüse oder Brot oder Obst. Also Sachen, die man zum Leben braucht.

Mein Mann ist Moslem, ich bin Muslima geworden. Mein Mann würde mich zu nichts zwingen. Aber ich merk's halt schon, dass er Bemerkungen macht wie die: dem und dem seine Frau ist auch Deutsche und trägt jetzt Kopftuch! Er will mich ein bisschen sticheln, aber er macht mir damit keinen Mut. Wir essen seit Jahren kein Schwein und wir kaufen halal, also erlaubtes Fleisch und solche Sachen. Damit kann ich auch total gut leben, aber mit den vielen Gesetzen, die man einhalten muss, das fällt mir sehr schwer. Zum Beispiel in der Wohnung keine Fotos, keine Bilder, keine Tierplastik. Mein Vater ist Bildhauer, und ich hab ganz viele Skulpturen zu Hause. Das muss alles versteckt sein hinter Schranktüren. Man darf das nicht zeigen. Sonst kommen die Engel nicht ins Haus. Selbst ein simples Tierposter aus der Apotheke durfte ich nicht da aufhängen, wo er betet. Also, das sind so Sachen, mit denen ich sehr schlecht umgehen kann. Ich durfte als Frau nicht in einem Chor mitsingen, solche Sachen. Obwohl Singen mein Hobby ist.

Mir kann niemand was verbieten. Gott sei Dank ist meine Einstellung so, dafür bin ich Deutsche, aber ich würd natürlich nachgeben, des lieben Seelenfriedens wegen.

Wir haben uns hier in Bonn auf nem Konzert kennengelernt. Das war Liebe auf den ersten Blick. Und dann haben wir relativ schnell zusammen gelebt. Nach einem halben Jahr bin ich schwanger geworden. Er kam wegen eines Autounfalls hier her und hatte eine große Operation hier in Deutschland gehabt. Der Vater ist städtischer Beamter gewesen. War in seiner Heimat ein sehr angesehener Mann. Und die haben natürlich alle Familienmitglieder zusammen getrommelt und haben 60.000 Euro zusammengekriegt, um die Operation zu finanzieren.

Wir sind nicht normal verheiratet. Wir sind unter Anführungszeichen nur islamisch verheiratet. Als ich im vierten Monat schwanger war, haben wir uns im Arm gelegen und ich hab gesagt, Schatz bis nachher. Er wollte bloß mal kurz Fußball spielen gehen, wurde aber festgenommen und abgeschoben. Daraufhin haben wir uns drei Jahre nicht gesehen. Seine Papiere waren abgelaufen. Da saß ich nun mit einem Kind im Bauch und der Mann war weg. Drei Jahre mussten wir aufeinander warten. In dieser Zeit bin ich zu meinen Eltern zurückgezogen, in meine Heimatstadt. Ich habe mein Kind die ersten drei Jahre allein großgezogen und es ging alles. Bei beiden war natürlich die Psyche sehr angegriffen. Aber innerhalb der drei Jahre hatte er sich in meinem Kopf zu einem Phantombild entwickelt. Wir haben uns jeder selbstständig entwickelt, ich als Frau und Mutter, er als

Mann in seiner Familie. Vor anderthalb Jahren haben wir uns zum ersten Mal wieder gesehen, zwecks Familienzusammenführung durfte er wieder nach Deutschland einreisen. Obwohl wir nicht verheiratet sind.

Im Moment mache ich eine Phase durch, ja, ich verändere mich selber ein bisschen und sehe bestimmte Dinge anders als vorher. Zum Beispiel die ganzen Auflagen. Ich gehe jetzt in den Gesangsverein oder ich gehe jetzt Theaterspielen.

Also, mein Mann ist ein ganz Netter. Ein lieber Kerl. Er gibt sich total viel Mühe und würde mich zu nichts zwingen. Da hat er sowieso keine Chance. Aber solche Aussagen: Wenn du durch Bad Godesberg spazieren gehst, dann redest du bitte mit niemanden. Du sagst zu niemandem Salemaleikum, die bringen mich auf die Palme. Ich soll Niemand grüßen, gar nichts. Weil in dem Moment, wo man sich öffnet, zeigt man, man ist zu haben. Das halte ich für absoluten Quatsch. Also, ich grüße hier jeden. Das sind so Kleinigkeiten, von denen ich denke, das geht gar nicht. Ich habe gelernt, Bitte! Danke! Guten Tag! Auf Wiedersehen! Das sind die wichtigsten Höflichkeitsregeln. Und wenn ich die nicht einhalten darf, richtet sich das auch gegen meine Familie. Weil da geht's gegen das, was ich gelernt habe.

Wir werden immer und überall verjagt

Ein deutscher Hauptschüler weiß nicht mehr, wo er sich mit seinen Kumpels treffen soll.

Also im Grunde genommen werden wir ewig immer verjagt. Wir treffen uns in unserem Häuschen. Dann kommt die Polizei. Dann werden wir untersucht und durchsucht, müssen da weg. Dann treffen wir uns schon mal unten am Bach, dann kommt auch die Polizei, durchsucht uns. Gut, dat wir da stehn und rumäffen. Wo 15 Jungs aufeinander treffen, da iss es schon mal lauter. Ja, dann treffen wir uns mal am Penny, wo wir dann auch wieder verscheucht werden. Das letzte Treffen war dann hinter der Bahn, wo dann auch dieser Überfall war. Da ist es dunkel, keine Laternen.

Es sind Russen, es sind Türken bei, da is en Italiener bei, en Pole müsste auch bei sein. Da sind en paar Mädels bei. Eine Marokkanerin, die da schon mal mit uns rum hängt. Wir saßen mit denen da so rum. Dann kamen die auf einmal angerannt, so, irgendwie auch schreiend. Ja, wir meinten, was geht mit dir ab und dann wollte ich gerade pissen gehn und dann kamen vier Leute in meine Richtung, haben direkt eine Knarre gezogen, dass ich zurückgehen sollte. Kam einer, hat mich mit nem Schlagring in den Nacken geboxt. Meinte bleib locker, und dies und das, benimm dich und so was halt. Dann hat er mir noch einen mit nem Sandhandschuh gegeben. Das sind so Lederhandschuhe, die sind mit Quarzsand gefüllt. Wenn de einen abkriegst, ist das wie eine Wand. Haben alles kassiert: Handys, Geld, Personalausweise, Roller-Papiere. Alles, was wir in den Taschen hatten. Zigaretten alles. Waren alles Ausländer. Ham sich auch mal mit ausländischen Wörtern verständigt. Elf waren die, glaub ich.

Hat sich rumgesprochen, dass die von BadGos waren und so 'ne Überfallclique sind. Bei anderen haben s'es auch schon gemacht. Einem Mädchen hamse noch am Hintern rumgetatscht. Und ham se mal gefragt, solln wir mal ne Runde … Ja, und dann ging's ziemlich schnell. Rubbeldidub sind die wieder ab in die Bahn, ein paar mit dem Taxi und weg waren se. Das Mädchen hat einen der BadGos erkannt. Und derjenige, der das inszeniert hat, konnte nicht dicht halten. Und dann kam raus, dass die das waren.

Früher wurde gespielt, heute wird die Not verwaltet

Sozialarbeiterinnen schildern die erschreckenden Veränderungen in ihren Vierteln.

Vor zehn Jahren hat sich das hier verändert. Damals haben hier Angestellte vom Ministerium gelebt. Die sind weggezogen, als es nach Berlin ging. Und in dem Moment waren ganz viele Wohnungen frei und es wurde von Seiten des Wohnungsamts oder der Stadt die Wohnungen besetzt mit Menschen, die von der Arge abhängig sind oder geringes Einkommen haben und zur sozial unteren Schicht gehören. Und in dem Moment hat sich auch unsere Arbeit total gedreht. Wir waren früher dafür zuständig, kreative Dinge zu entwickeln, tolle Nachmittage mit den Kindern zu verbringen, deren Freizeit zu gestalten. Und jetzt ist es so, wir sind hier, um für die Kinder ein Anlaufpunkt zu sein. Die Kinder können hier zum Teil essen. Die Kinder kommen hier hin, wenn sie Sorgen haben, wenn ihre Eltern einfach verschwunden sind. Weil die Eltern Drogen nehmen, Prostituierte sind, die Eltern Alkoholabhängige sind. Sie kommen hier hin, wenn sie Schwierigkeiten in der Schule haben, wenn sie bei der Polizei vorstellig sein müssen. Sie kommen halt zu uns.

90 Prozent der Besucher in unserer Freizeiteinrichtung haben einen Migrationshintergrund.

Früher waren die Kinder gut gekleidet, gut genährt. Sie hatten Hintergrundwissen, also sie hatten ne gewisse Bildung vorzuweisen. Und jetzt ist es so: Die Kinder sind von morgens bis spät abends auf der Straße. Hier werden Dreijährige mit ihren fünfjährigen Geschwistern morgens um neun von ihren Eltern aus der Wohnung geschmissen. Sie dürfen erst wieder abends um neun Uhr in die Wohnung zurück. Weil, nach Aussage des Kindes, die Eltern einkaufen sind oder sonstwo.

Neulich war draußen 40 Grad. Die Kinder hatten kein Trinken, kein Essen, gar nichts. Sie kamen dann hierhin, um sich wenigstens Wasser zu holen, um Brot zu bekommen, Es werden Kinder hierher geschickt, zwei Jahre alt, in Pampers. Die dürfen offiziell hier gar nicht rein. Aber bevor die draußen ablungern, sind sie hier besser aufgehoben, als wenn sie zwischen den Müllcontainern spielen.

Es wurde sehr schnell deutlich, dass viele Schüler zum Teil permanent Erfahrung mit Gewalt haben. Und inzwischen ihr ganzes Verhalten schon danach ausgerichtet ist. Bestimmte Orte meiden sie, gehen dort gar nicht mehr hin, nicht mehr alleine ab gewissen Uhrzeiten vorbei.

Integration ist für die überhaupt kein Thema. Viele Familien haben die Einstellung, irgendwann gehen wir wieder zurück. Warum sollen wir uns hier anpassen. Sie wollen sich nicht integrieren. Sie sagen uns ganz klar, dass sie es nicht wollen.

Wir haben ein Frauentreff, da sitze ich eines Tages mit acht türkischen Frauen. Und sie reden und lästern voll über die deutschen Frauen ab, was die für Schweine sind, wie schlecht wir sind und wir können nicht kochen und wären nur für eins gut und ich sage, hallo, ich bin auch noch da. Und sie sagen, du gehörst ja zu uns. Und ich sag, ich komm aber aus Deutschland, und ich arbeite hier. In dem Moment gucken die mich ganz geschockt an und haben das nicht mit bekommen, dass ich zufällig in der Mitte saß. Weil wir halt immer da sind. Und deshalb haben wir einen Einblick bekommen, hinten rum, was die so über uns denken. Das würden die sonst nie offen zugeben.

Wir vom Spiele- und Jugendtreff gehen zu manchen Familien, wenn wir reingelassen werden. Das sind nur die Mütter, die hier her kommen. Die zu uns Vertrauen haben. Und dann kommt es immer darauf an, wie streng der Mann ist. Wenn ich – weil ich Christin bin – für ihn gar nicht menschenwürdig bin, dann komm ich nicht in die Wohnung rein. Da haben wir ganz viele. Auch Kinder, die uns beschimpfen, weil wir Christen sind. Dass sie uns als Schweine betiteln. Wo wir dann mit denen viele Gespräche darüber führen, dass man jede Religion akzeptieren muss. Dass man jeden tolerieren sollte, dass man Verständnis für einander haben sollte, dass Integration für uns ganz wichtig ist. Aber das ist für die nicht wichtig.

Wir haben auch viele Väter, die gehen in die Spielhallen, diese türkischen Cafés, verspielen dort das ganze Geld und die Mütter kommen hier her, zum Essen von der Bonner Tafel. Damit ihre Kinder hier mal satt werden. Sie versuchen von uns Hilfe zu bekommen, weil sie nicht mehr wissen, wie sie ihre Kinder ernähren sollen.

Hier laufen viele Kinder rum, die keine Nahrung bekommen, die am verwahrlosen sind, die nie einen Arztbesuch erleben werden, die nie mal zu einer U-Untersuchung waren. Deren Eltern sich überhaupt nicht mit denen unterhalten, deutsche Eltern nicht und auch ausländische Eltern nicht. Diese Kinder laufen irgendwie nebenher. Und es kommt ganz gelegen, dass man für sie Kindergeld oder Erziehungsgeld bekommt.

Wir haben alkoholabhängige Mütter, die fünf Kinder haben, davon sind drei schon bei Pflegefamilien untergebracht. Die Mutter ist psychisch krank. Hat wieder ein Baby bekommen. Sie kommt hier an und das Baby liegt zu Winterbeginn in einem dicken Schneeanzug mit zwei Plastikdecken umrollt. Und dann in einem Skikistchen von nem Kinderwagen. Und schwitzt sich fast zu Tode. Die Mutter sagt mir dann ganz stolz, mein Kind schläft schon die ganze Nacht durch. Dabei war die Mutter die ganze Nacht besoffen. Die hat das Heulen des Babys gar nicht gehört. Das Baby hat von Anfang an gelernt, oh, abends kriege ich kein Essen. Das ist, was wir hier so erleben.

Man kann sich nicht mit Worten wehren, man hat ja keinen so großen Wortschatz

Ein jugendlicher Migrant über Freunde, die ihn zwar schützen, aber die ihm nicht unbedingt guttun

Meine Eltern sind in Griechenland geborene Türken. Ich bin 16 Jahre alt. Mein Opa war hier in Deutschland, hat die Familie nachgeholt. Mein Vater arbeitet in einer Fabrik, meine Mutter ist Putzfrau, meine große Schwester ist 18. Sie arbeitet beim Aldi. Meine kleine Schwester geht auf die Hauptschule. Wir leben in Petershof, sind Moslems, tragen aber keine Kopftücher obwohl wir religiös sind. Wir wohnen in einem Hochhaus, in einer Dreizimmerwohnung. Ich kann besser Deutsch als Türkisch. Ich bin in der zehnten Klasse Hauptschule. Mein Zeugnis ist besser geworden. Durchschnitt 2,5. Mache ne zweijährige Handelsschule. Dann schaun wir mal weiter. Ich möchte mal im kaufmännischen Bereich arbeiten. Ich möchte gerne Filialleiter oder Bankkaufmann werden.

Ich verbringe fast die ganze Zeit mit meiner Freundin. Is ne Deutsche. Sonst bin ich meist beim Fußballspielen, Boxen, Sparing. Mit Freunden einfach chillen, sitzen, reden. Ich kenn die BadGos. Das sind Kumpels von mir, also Freunde. Man kann die auch im Internet sehen, bei Youtube. Das Besondere an denen ist, die sind so wie ein Club, chillen zusammen und nennen sich einfach BadGo. Wir sind normale Freunde, die einfach Fußball spielen. Bei mir kann man das nicht Clique nennen. Aber es ist schon so eine Gruppe. Auch wenn wir uns keinen Namen geben.

Wir sind Marokkaner, Ägypter, Libanesen, keine Deutschen. Warum keine Deutschen, weiß ich nicht. Alles Moslems. Ich hab ein, zwei deutsche gute Freunde. Die kenn ich schon, seit ich denken kann. So zehn Jahre. Ich hab nicht viel Kontakt mit

Deutschen. Wir Moslems, wir trinken nicht. Wir gehen nicht feiern. Einfach ne ruhige Gruppe. Christen trinken Alkohol. Wenn man mit einem Moslem zusammen ist, da redet man, wenn Ramadan ist. Mit einem Moslem ist man schneller vertraut als mit einem Deutschen. Obwohl manche Moslems nicht viel mit Religion zu tun haben.

Ich gehe immer zum Freitagsgebet. Verpass ich nie. Manchmal geh ich auch zum Beten in die Moschee. Wenn jetzt einer zu mir einer sagt, verpiss dich, dann iss man schon sauer. Heutzutage löst man viele Sachen mit Gewalt.

Bei mir ist das ein bisschen anders. Meine Gruppe macht so andere an. Und dann muss ich da mithelfen. Bei ner Prügelei, wenn so was anfängt. Die gehen an jemandem mit fünf Leuten vorbei, gucken den an, lachen, quatschen. Damit reizt man den schon. Und wenn der andere, der gereizt wird, zurück was sagt, dann fangen die direkt mit der Schlägerei an. Und dann bist du mit dabei. Meist bei älteren und gleichaltrigen. Man sucht auf der Straße die Herausforderung. Wie weit kann man jetzt gehen. Es geht einfach ums Gewinnen. Man will was zeigen, seinen Freunden vielleicht. Man steht jetzt mit einer Gruppe. Der andere ist vielleicht alleine. Dann sagt man was, eins ergibt eins. Ja, und dann, wenn's dann passiert, der andre ist am verlieren, dann kommen die anderen helfen. Ich mag jetzt keine Türken, die sich Haare wachsen lassen, Augenbrauen zupfen, Haare färben und so, ich mag das nicht so. Schwul, was bringt das denn. Guck mal, wie du aussiehst.

Gymnasiasten erkennt man gleich. An ihrem Verhalten. An ihren Klamotten. Also die gehen nicht auf eine Schlägerei zu. Wenn du da was sagst, die ignorieren dich. Mit Gymnasiasten gibt's eigentlich nie Schlägerei.

Eigentlich sind wir nicht sauer auf die, weil die haben dafür was getan. Und wir haben es nicht getan. Gelernt. Für die Arbeit gelernt. Warum sollen wir sauer sein. Hätten wir gelernt, wären wir auch auf dieser Schule. Es ist eigentlich ganz einfach.

Meine beiden Eltern sprechen gut Deutsch. Ich habe nie Hilfe gesucht. Ich war immer so ein Typ, der für sich selber gekämpft hat. In der Grundschule war ich so einer, der nichts getan hat. Ein kleiner Schlägertyp. Bei mir war es so, wenn ich Stress hatte, dann habe ich das alles an der Schule ausgelassen. Mit Freunden habe ich geboxt. Wenn ich Stress hatte, war ich sauer und musste irgendwas hauen und die Aggression rauslassen. Und meistens hatte ich nur das im Kopf, ich wollte boxen und nicht lernen. Nur das Kämpfen hatte ich im Kopf. Und deswegen und erst später hab ich gemerkt, dass ich lernen muss. Meine Mutter hat mich immer darauf hingewiesen. Zu lernen. Lern für dich selber, hat sie gesagt. Aber ich hab's nicht verstanden. Was will ich mit Lernen!

Als ich klein war, hab ich zu Hause schon einen drüber bekommen. Jetzt nicht mehr. Ich werd von meinen Eltern nicht übertrieben geschlagen. Meine Mutter hat meist mit mir geredet. Sie hat mir immer erklärt. Und mein Vater wurde sauer, er hat geschrien. Meine Mutter hat mich immer ein bisschen beschützt. Wenn das Zeugnis schlecht war, dann zeigt man es eher der Mutter, weil die Mutter ja die Ruhigere ist.

Ich weiß nicht, wie ich das sagen soll. Warum wir uns immer prügeln. Man kann sich nicht mit Wörtern wehren. Man hat keinen so großen Wortschatz. Dann sagt man sich einfach, hol die Faust raus, kämpf. Dann kämpft man so lange, bis der andere nicht mehr kann, bis er verloren hat. So weiß man, auch ich bin der Stärkere, du hast gegen mich nichts zu sagen. Bei mir ist das eher selten. Aber ich bin auch einer, der viel provoziert.

Anstarren, anfangen zu lästern, angucken und dabei mit anderen Leuten darüber reden. Dann beleidigen. Aufs Aussehen darüber sprechen. He, du Hurensohn was guckste? Guck mal, wie du aussiehst, du hässlicher Junge. Mädchen beleidigt man nur. Wie du aussiehst. Manche Mädchen finden sich hübsch, aber wir finden das nicht.

Manchmal ist einem alles egal, man will einfach nur draufhauen. Ich hatte Stress zu Hause und geh raus. Will eine Runde machen, dass ich mich beruhige. Und dann kommt so ne Clique und macht mich doof an. Wirft auf mich nen Stein oder guckt mich an und lacht sich kaputt. Lachen über meine Schuhe. Einer stellt ein Bein und einer fasst mich an. Und wenn ich dann weiß, ich bin schlecht gelaunt, dann denk ich gar nicht und geb erst mal direkt einen auf Nase. Ich kämpfe alleine. Ich bin noch nie einer gewesen der seine Freunde gerufen hat. Wegen so was hab ich auch schon ein bisschen Ärger gehabt. Wenn ich kämpfe, dann gewinn ich oder verlier ich. So einfach ist das für mich.

Bei so Gruppenschlägereien, da kriegst du von jedem mal so ne Faust gegen die Nase. Badgo gegen TBC. Die wollen sich beweisen. Wir sind hier in Bonn die Stärkeren. Schlägereien gehen gegen alle, auch gegen eigene Landsleute. Auch gegen Deutsche. Es gibt auch Deutsche mit Ausländern. Hat jetzt nichts mit anderer Nationalität zu tun.

Wir reden auch anders. Sagen statt Scheiße Seise oder so. Vergessen bei einem Satz ein Wort. Zum Beispiel, ich geh Kaisers oder so. Chillen. Hau rein statt Tschüss. Mach et. Yalla. Benutzen Wörter anderer Länder. Schimpfworte. Baranikum. Kommt vom Arabischen.

Dreht sich dabei um die Mutter. Die ist ein Herzstück. Die hat uns neun Monate im Bauch getragen. Die hat uns gefüttert. Die Religion sagt uns, die Mutter ist sehr sehr wichtig im Leben. Wenn deine Mutter sagt, glaub nicht an Gott, an Allah, dann sollst du einfach ja sagen. Sogar bei so was, wenn einer sehr religiös ist. Die Mutter wird als sehr wichtig beschrieben. Du darfst nicht die Hand hochheben gegen deine Mutter, also nichts. Beleidigen ist schon zu viel. Wenn die mit dir schimpft, auf den Boden gucken. Keine Widerwörter geben. Mach ich so. Ich habe gegen meine Mutter noch nie die Hand hochgehoben oder sie beleidigt. Ich mach mit meiner Mutter sogar Scherze. Sie ist auch noch jung. Mit der kann ich ein bisschen lachen. Geh mal Essen machen! So aus Spaß. Und dann lacht sie. Aber wenn's ernst wird, dann darfst du nichts machen. Meine Mutter geht schon mal raus mit ihren Freundinnen. Kaffeetrinken. Ansonsten ist sie immer zu Hause.

Meine Mutter lädt viele ein zum Essen, macht ein Buffet aus Spezialitäten. Schicken dann den Vater raus. Und dann kommen Frauen zusammen. Machen sich zu Hause einen schönen Tag. Aber auch draußen. Grillen. Ladet man die ganze Familie ein.

Das sind so meine Erfahrungen. Wenn ich manchmal denke, also die deutschen Kinder sind ein bisschen lauter zu ihrer Mutter, haben wenig Respekt. Aber auch Ausländer hab ich schon gesehen, die wenig Respekt hatten.

Bei so Überfällen, wie den im Kurpark, da geht's dann darum, Gewinn zu machen. Das hat dann nichts mit Schlägerei zu tun. Wer so was macht, das ist sogar eine Nummer zu viel. So was würd ich nie machen. Das ist für mich über Schlägerei, das ist schlimmer. Schlägerei: Da klaust du nichts, da machst du das, was der macht. Aber wenn man zu fünft, auf einen geht und ihn beklaust, das ist schlimmer als Schlägerei.

Ich guck deutsches Fernsehen, ab und zu mal türkische Serien. Ich hasse türkische Serien, türkisches Fernsehen. Wenn zu Hause nicht deutsches Fernsehen wäre, könnte ich zu Hause gar nicht bleiben. Mag Stefan Raab oder die Gerichtssendungen. Türkisch gucke ich einmal die Woche so ne Serie.

Den Speiseplan um Rinderwürstchen erweitert

Eine Fußballtrainerin engagiert sich lieber in ihrem Viertel, als anonym irgendwofür zu spenden.

Ich arbeite bei einem kleinen Stadtteilfußballverein als Betreuerin, ehrenamtlich mit Jugendlichen. Ich bin für die Kabinenreinigung zuständig. Ich sitze in den Arbeitskreisen und vertrete die Jugendlichen oder eben auch den Verein. Wir versuchen mithilfe anderer Institutionen Jugendliche, hauptsächlich mit Migrationshintergrund, in die Bahn zu bekommen. Und wenn die sich daneben benehmen, versuchen wir, gleich an mehreren Stellen, Druck auszuüben. Wir haben fast 30 verschiedene Nationalitäten im Verein und nur noch ganz wenige Deutsche. Früher hatten wir einen Ausländeranteil von zehn bis zwanzig Prozent gehabt und mittlerweile haben wir einen von circa achtzig Prozent. Wir haben jetzt unseren Speiseplan deswegen um Geflügel- und Rinderwürstchen erweitert. Da muss man sich halt anpassen, weil Schweinefleisch dürfen die ja nicht essen.

Das Gewaltpotential ist dadurch sehr stark gestiegen, die Zerstörung ist gestiegen, der Respekt ist verloren gegangen, besonders bezüglich Frauen. Eine Frau ist nichts wert. Das sagt mir ein Dreizehnjähriger ins Gesicht. Die fordern nur, erbringen keine Leistung. Wir haben zwei Mannschaften, die uns jetzt im Verlauf einer Spielsaison fast 1.000 Euro kosteten, weil sie Spielabbrüche verursacht und Trikots beschädigt haben. Die lassen sich überhaupt nicht führen, in keinster Weise. Versuchen, die Deutschen zu unterdrücken. Die Kinder haben Angst. Die Anwohner sind teilweise belästigt, weil der Lärmpegel höher geworden ist. Wir kennen deren Eltern überhaupt nicht. Die Eltern interessiert nicht, um wie viel Uhr, mit wem und wo ihr Kind ist, also in der Beziehung läuft man gegen geschlossene Türen. Es gibt auch Deutsche dazwischen, die genau so sind.

Die Eltern haben heute die Vorstellung, ein Verein ist eine Institution vergleichbar der Schule. Man gibt das Kind ab, und alles andere läuft von alleine. Dabei sollte es ja so sein, dass die Kinder auch begleitet werden von den Eltern, und die Eltern auch in den Vereinen mitwirken. Was also überhaupt nicht der Fall ist. Früher war das so. Das ist umgeschwungen im Stadtbezirk Hardberg oder in Medinghoven, nachdem die Bundesbediensteten weggezogen sind und die Wohnungsgesellschaften nicht darauf geachtet haben, wer dort überhaupt hinzieht. Mittlerweile können sie in unserem Stadtteil die Straßen nach Nationalitäten einteilen: Kurden, Syrer, Türken, Russen, Polen. Also, es gibt Zig-Nationalitäten.

Nein, resignieren tun wir nicht. Wir kämpfen ja weiter. Das Problem ist einfach, dass diese Kinder eigentlich noch mit Samthandschuhen angepackt werden. Also, ich glaube nicht, dass wenn ein deutsches Kind solche Sachen macht, man dann nicht massiver vorgehen würde. Man hat halt immer noch Angst, als ausländerfeindlich zu gelten.

Das Zerstören von Gegenständen, das Klauen, die Respektlosigkeit, die Drohungen werden immer mehr. Ich bin auch schon körperlich bedroht worden. Solle aufpassen, wenn ich durch Medinghoven gehe. So was würde man normal ahnden. Die wissen genau, als Kind unter 14 passiert mir nichts. Meine Eltern interessiert das eh nicht, weil, wenn ein Brief kommt, dann können die den sowieso nicht lesen, da kann ich denen vorlesen, was ich will.

Die kommen teilweise bewaffnet. Ketten, Schlagringe, ähnliches. Haben alle komischerweise das neueste Handy, die neuesten Anziehsachen, bezahlen aber noch nicht mal den Vereinsbeitrag. Der beträgt für Kinder vier Euro monatlich.

Ich habe den Eindruck, der Staat hat Angst bei solchen Kindern, deshalb reagiert er nicht. So stehen wir ›richtigen‹ Deutschen da und tun überhaupt was für diese Kinder. Da ist irgendwie so ne Schwelle – ich hab mich da mit mehreren Leuten unterhalten. Die meisten sagen halt, ja wir können nicht reagieren, weil, wir hatten ja mal nen Hitler, und wir sind ja immer noch die bösen Deutschen. Nur, andere Länder sortieren die Ausländer ja schon beim Reinlassen. In vielen Ländern kann man, wenn man sein Leben nicht selber im Griff hat, wenn man die Sprache nicht kann, erst gar nicht rein. Aber bei uns kann jeder rein. Auch wenn die Leute sich gar nicht integrieren wollen. Viele jedenfalls wollen das nicht.

Es gibt auch tolle. Es gibt ja auch ganz liebe Migrantenkinder, die hilfsbereit sind oder deren Mütter und die Väter sich auch bemühen. Aber ihr Anteil ist halt relativ gering. Die meisten bekommen von zu Hause ja was ganz anderes vermittelt. Es gibt auch dort Unterschiede. Wir haben auch Familien mit Migrationshintergrund, die sagen, wir nehmen mal die Trikots zum Waschen mit. Wir fahren mal die Kinder. Der Anteil ist zwar sehr gering, aber er ist schon da.

Dabei kommt es immer darauf an, sind die Kinder alleine oder sind sie in einer Gruppe. Weil, wenn sie in einer Gruppe sind, ist der Gruppenzwang höher. Auch mit den MV-Rappern kann man, wenn man alleine mit denen ist, sehr vernünftige Gespräche führen. Aber sobald sie in der Gruppe sind, wird man wie der letzte Arsch behandelt. Wenn man sie zum Beispiel auf dem Rückweg von einem Spiel im Auto hat und unterhält sich mit ihnen, was willste nach der Schule machen?, wie biste in der Schule?, unterhalten die sich wie jeder normale Jugendliche mit einem. Wenn man sie aber in einer Gruppe vorfindet, würden die diese Gespräche niemals führen.

In solchen Gesprächen ist nicht ein normaler, vernünftiger Satz mit diesen Jugendlichen zu reden.

Die hatten die Einstellung, für mein Putzen bekomme ich Geld, für Trikotwäsche bekomme ich Geld, für das Autofahren bekomme ich Geld. Die denken, wir würden für das, was wir für sie tun, bezahlt. Die hören überhaupt nicht zu, wenn man ihnen sagt, wir machen das ehrenamtlich. Wenn man sie aber alleine hat, hören sie zu.

Also im Moment ist es zum Beispiel so, wenn wir Training haben, sagt der Leiter vom Jugendzentrum, Leute, ihr habt ab jetzt Hausverbot. Ihr habt jetzt Training. Ihr geht zum Training oder wo anders hin, das ist mir egal, aber hier im Jugendzentrum seid ihr nicht. Das heißt, man versucht an vielen Stellen gleichzeitig die Jungs in die Pflicht zu nehmen. Ob die dann bei uns ankommen, ist die zweite Sache. Aber man versucht, dadurch, dass man miteinander kommuniziert, halt denen zu zeigen, hier ist eine Grenze, die dürft ihr nicht überschreiten. Wenn ihr was macht, macht es richtig oder gar nicht.

Viele andere Vereine wissen, wir haben sehr viel Ausländer. Und es ist bekannt, wie einfach es ist, einen Ausländer zu provozieren. Man braucht ja nur seine Mutter zu beleidigen. So, wenn ich jetzt der Ausländer wäre und mich würde jemand beleidigen hier, würde ich sagen, ich bin cleverer, ich lass mich nicht beleidigen, ich lass mich jetzt von dir nicht provozieren. Aber die gehen immer wieder auf das gleiche ein. Und dadurch sind sie für andere immer die Randgruppe. Denen eilt der schlechte Ruf ganz weit voraus. Auch wenn sie sich beim Spiel mal benehmen, hilft das nichts mehr. Sie spucken Leute an, pöbeln andere Spieler an, beschimpfen sie in ihrer Sprache. Manche Schiedsrichter verstehen das auch. Manche Gegner auch.

Deutsche sind nur zehn bis zwanzig Prozent, je nach Altersgruppe. In den jüngeren Mannschaften mehr. Und nach oben werden's dann weniger. Es sind en paar Deutsche dabei, die dieses Aufmerksamkeitsyndrom haben. Viele haben motorische Schwierigkeiten. Sprachschwierigkeiten. Eingliederungsschwierigkeiten, weil das soziale Umfeld nicht stimmt. Dann haben wir welche aus gut situierten Familien. Das verträgt sich eigentlich solange, wie wir darauf achten, dass keiner über das Ziel hinausschießt.

Ich habe mal gesagt, bevor ich 25 Euro auf ein Spendenkonto tue, engagiere ich mich in dem Ortsteil, in dem ich lebe. Vor allem, wo die Jugendlichen ja nicht eigentlich böse sind. Sie werden nur zu dem gemacht, was man ihnen vorlebt. Die MV-Rapper haben zum Beispiel als Vorbild diesen großen Rapper Xatar. Die haben gesehen, dass der in kürzester Zeit relativ wohlhabend geworden ist. Wir hatten früher auch Vorbilder. Irgendeine Musikgruppe oder einen Sänger oder so. Aber das sind ja Vorbilder mit frauenfeindlichen Ansichten. Ich habe mir ein paar Videos angeguckt, die sind unterste Schublade. Die ganzen Texte sind furchtbar. Ich habe ein Video gesehen, was in Medinghoven gedreht worden ist, wo circa 30 jugendliche Ausländer einen Deutschen ausgenommen haben. Das fand ich schon sehr erschreckend. Es war zwar ein gestelltes Video, aber allein, dass der Deutsche sich für das Video hergegeben hat, ist ja schon ein Ding. Und in der Wirklichkeit ist das so.

Wir haben versucht, ehrenamtliche Helfer zu bekommen. Ich habe einen Mann aus Medinghoven darauf angesprochen, von dem ich wusste, der hat viel Einfluss. Und der hat gesagt, ich habe mit meinen Kollegen gesprochen, aber bei dem Klientel, bei dem Umfeld will keiner helfen. Also ein Deutscher will quasi nicht mehr helfen.

Für Ausländer ist dieses Ehrenamtliche sowieso eine eher erniedrigende Arbeit. Also umsonst etwas tun und noch fürs eigene Kind!

Die Muslime haben Rangordnung in der Familie. So bis zu nem gewissen Alter ist der Junge, sagen wir mal so mit sieben, rangmäßig noch unter der Mutter. Aber mit sieben, acht geht der ja schon über die Mutter. Dann kommt der Vater. Da kommt en Brief, den der Vater nicht lesen kann. Dann liest der Junge den, weil er ja zur deutschen Schule geht. In dem Moment kommt er mit dem Vater auf die gleiche Rangordnung. Aber der Vater kann ihn da ja nicht lange verweilen lassen. Also wenn der Brief gelesen ist, wird er unterdrückt. Und wenn er unterdrückt wird, muss er irgendwo diesen Frust ablassen. Und den lässt er entweder an seiner Mutter, seiner Schwester oder draußen an den anderen Kindern aus.

Also ich denke, die hätten hier verdammt viele Chancen. Nur, da müsste man auch mal so weit gehen zu sagen, gut, wir haben zwar verschiedene Religionen, aber in Deutschland hat eine Frau ein Recht und in Deutschland darf auch eine Frau Männerjobs machen und in Deutschland gibt es auch Gesetze. Und wenn man sich an die so ein bisschen hält und nicht nur in seiner Scheinwelt lebt, würden die hier auch große Chancen haben.

Ja, die bauen sich hier ihre eigene Welt, in dem sie sich wieder in ihre eigene Kultur zurückziehen. Da war ja dieser Brandanschlag oder wo man dachte, das wär einer, da in Ludwigsburg oder so. Was sagt da der Erdogan? Man sollte sich auf keinen Fall unterwerfen. Also den hätte ich gleich vor die Tür gesetzt. Weil, wenn sie in unser Land möchten und hier leben möchten, müssen se sich uns auch in gewissem Maße anpassen.

Wir haben ein Mädchen gehabt, die hat bei uns als junges Mädchen, ich glaub mit acht oder neun, angefangen Fußball zu spielen. Es war ein Kampf ohne Ende. Dass das Mädchen überhaupt Fußball spielen durfte. Es waren nur drei Leute, die das Kind zu Hause abholen und wieder nachhause bringen durften. Aber man hat uns ermöglicht, das Kind weiter zu bringen, und die spielt jetzt in Marl in einer höheren Klasse und ist eine hervorragende Fußballerin. Ich hab wiederum drei Mädchen, die würden gerne spielen, da sagt der Vater konsequent nein.

Also es war zum Beispiel so, dass das Jugendheim Brüserberg, so gut wie nicht mehr besucht worden ist von deutschen Kindern, weil eine große Anzahl russischer Kinder dort waren und die Deutschen Angst hatten, dort hinzugehen. Da gibt's so unterschwellige Sachen. Und jeder, der wirklich mal offen sagt, hier stimmt was nicht, der wird direkt von allen anderen niedergemetzelt. Es ist einfach so, wenn ein Jugendheim besucht wird, dann muss jedem die Möglichkeit gegeben werden, dort rein zu kommen. Egal welche Nationalität. Und wenn man sieht, dass da eine Gruppe eine andere Gruppe oder Kinder blockiert, da muss man auch mal sagen, so geht's nicht.

Ja, natürlich sind die auch rassistisch. Alleine schon, dass man in ein Land geht im Prinzip schon mit dem Hintergedanken, ich geh in das Land, weil ich weiß, ich kriege da alles, aber ich werde mich nicht unterordnen. Das ist in meinen Augen auch schon eine Form von Rassismus. Weil man ja versucht, seine Rasse dort zu integrieren ohne die andere Rasse zu akzeptieren. Also wenn ich in die Türkei ginge, würde mir keiner einen rheinischen Sauerbraten kochen. Bei den hier lebenden Moslems richten wir uns nach deren Gewohnheiten. Wir kochen ihr Essen. Wenn man aber mal fragt bei Veranstaltungen, bringt doch mal euer Essen mit, da kommt nichts. Wir würden das Essen ja auch essen. Wir sind ja so offen, dass wir sagen, wir probieren alles. Aber da kommt halt nichts.

Nur ich denke, je mehr wir als Bürger hier die Augen zumachen, um so schlimmer wird es ja. Und wenn wir nicht mal offen sagen, hier ist ne Grenze, hier dürft ihr eigentlich nicht drüber, dann wird das immer schlimmer. Wir haben ja schon Ghettos. Gehen se mal in die Neubaugebiete. Sie finden alle möglichen Namen an den Klingeln, aber keinen deutschen mehr.

Ja. Hier gibt's ja auch Wohngebiete, wo ich sag, en Deutscher kann sich so en Haus nicht mehr leisten, weil wir ja diese Zuschüsse alle nicht kriegen. Das heißt der Staat in meinen Augen schürt sogar den Rassismus. Irgendwann haben wir wieder Neonazis, weil die Ungerechtigkeit zu groß ist. Warum kriegen eingebürgerte Russlanddeutsche andere Konditionen, wie ein Deutscher, der hier lebt. Wir haben nicht gesagt, dass wir nach Russland gehen. Es gibt zwar ein Abkommen, dass, wenn einer von uns nach Russland geht, wir auch dort Rente bekommen, doch wer geht denn freiwillig darüber?

Also, im Prinzip kann man immer wieder nur die Kinder oder überhaupt die Leute dahin führen zu sagen, wir möchten ja. Und ihnen immer wieder die Hand reichen, auch wenn man immer wieder ein paar drauf kriegt. Denn irgendwann macht es auch das Gegenüber mal mürbe.

Es gab immer Gruppen. Früher gab's zu meiner Jugend die Punker. Die sind auch immer außen vor gewesen. Die haben randaliert, obwohl das eigentlich ganz liebe Kerle waren. Aber die wollten halt anders sein wie andere. So, und wir haben immer schon relativ viele Immigranten gehabt, weil früher wollte keiner hinter dem Müllwagen her laufen, früher waren auf den Baustellen oft Arbeiter aus anderen Ländern. Also haben wir schon oft mit anderen Nationen zusammengelebt. Nur im Moment ist es so verstärkt, dass es auffällt. Früher war das einzige Ghetto, was ich kannte, Tannenbusch. Weil da wohnten viele ausländische Kinder und viele, die halt vom Sozialamt lebten. Mittlerweile haben wir ja so viele Ghettos, Kleinghettos.

Dieser Überfall im Kurpark von Bad Godesberg. Es war ja nicht nur diese Gruppe Bad Godesberger allein. Die sind ja vernetzt. Innerhalb von Minuten kamen aus allen Regionen von Bonn und auch über Bonn hinaus Leute zum Prügeln. Das geht übers Handy oder sonst was. Die haben irgendeinen Code. Mit dabei sind nicht nur Jugendliche, sondern auch schon junge Erwachsene mit über 18. Denn die sind ja auch mit Autos angekommen. Die sind wirklich organisiert. Also ich finde es sehr schwierig, an diese Jugendlichen heranzukommen.

Die sind gewalttätig, diese Jugendlichen. Zerschlagen Grillhütten. Die zerlegen wöchentlich mal ein Brett von der Grillhütte. Die randalieren, wenn man versucht sie zu kriegen. Ich bin da mal so ner Gruppe hinterher. Aber aus sicherem Abstand. Ich hab dann auch die Polizei gerufen. Mittlerweile bin ich so weit, ich helfe den Kindern gerne. Wenn die einen Job brauchen, die können jederzeit kommen. Ich helf denen beim Schreibkram. Ich würde alles für die Kinder machen. Aber wenn die eine Grenze überschreiten, gibt es auch Anzeigen und das wissen die. Ich habe auch schon drei Kinder angezeigt, wegen Bedrohung. Ich habe schon Platzverweise ausgesprochen. Sie können aber genau so ein Jahr später oder einen Monat später kommen, sagen, tut mir leid, dann werden sie auch wieder genommen.

Nachträglich geschickte Email:
Inzwischen mussten wir aus disziplinarischen Maßnahmen die Mannschaft zurückziehen. Unsere Situation in der Integrationsarbeit wird durch die Neugründung eines Vereins, der zwar unter einem deutschen Vorstand gegründet wurde, aber ausschließlich Spieler mit syrischer Herkunft hat, sehr beeinträchtigt. Kinder, denen wir Maßnahmen wegen ihres Verhaltens androhen, wollen dann eben in dem neuen Verein trainieren.

Die Probleme mit den Migranten sind größer, als man es in der Öffentlichkeit darstellt. Und keiner traut sich wirklich an die Sache heran. Ich werde allerdings keineswegs kampflos das Feld räumen, nur weil es sich um Migranten handelt. Wenn nicht etwas passiert, dann lassen sie sich nicht integrieren, sondern nur isolieren.

Ich werde alle meine Möglichkeiten ausschöpfen, damit nicht ein fast 90 Jahre lang schon bestehender Verein, der Integrationsarbeit leistet, von einem Verein verdrängt wird, der gar nicht integrieren will.

Die moslemischen Jugendlichen treten unsere Kultur mit Füßen und Verachtung. Am letzten Sonntag sind circa 15 moslemische Jugendliche während der Duisdorfer Kirmes über das Ehrenmal für die gefallenen Soldaten gelaufen, haben sich auf den Helm gesetzt und auf dem Platz Fußball gespielt. Können Sie sich vorstellen, was ein Moslem mit uns gemacht hätte, wenn wir dies in seinem Land getan hätten?

Manchmal ist man als Mensch am Ende seiner Nerven und fragt sich, warum man das alles macht.

Die älteren Kinder der Migranten und die auffälligen deutschen Jugendlichen lernen ja die Kleineren an und so werden sie später genauso wie sie. Zum großen Teil kriminell, oder Sozialhilfeempfänger, weil sie gar nicht wirklich aus dem Sumpf herauswollen.

Ich möchte Ihnen nicht die Hoffnung nehmen, dass es auch Ausnahmen gibt. Ich werde Sie auf dem Laufenden halten, welche Mittel ich verwenden werde, um das Brauchtum unserer Kultur zu schützen und verbleibe mit lieben Grüßen.

Klischees und Abwertungen von allen Seiten

Betroffene Migranten, eine Pastorin, ein Jugendrichter und der Leiter eines Jugendtreffs schildern übliche Diskriminierungen.

Manchmal kommen rassistische Ausdrücke. Neger und so was. Schwarzer, geh zurück in dein Land. Aber auf so was hör ich langsam nicht mehr. Die meisten Deutschen sind unfreundlich. Nicht alle sind so, aber viele. Schon wenn man in den Bus rein kommt. Wie man schon angeguckt wird. Auch wenn die einen nicht kennen, haben die schon ein falsches Bild. Iss so. Ob mich auch schon mal jemand freundlich ansieht? Selten. Sehr selten.

Mädchen, die Kopftuch tragen, erzählen ständig von Anrempeleien in der Öffentlichkeit, Bemerkungen und solchen Dingen. So Sätze wie, Kauf dir mal ne Tüte Deutsch, erzählte jetzt ne Mutter, soll ein Lehrer zu ihrem Sohn gesagt haben, der jetzt in der fünften Klasse ist und der einen Artikel falsch geschrieben hat. Also solche Erfahrungen sind, glaube ich, sehr sehr häufig, und die summieren sich. Und je nachdem, wie die Umstände sonst noch so sind bei so einem Kind oder jungen Menschen, kann das dazu führen, dass man so 'ne Mentalität entwickelt, wo das, was die anderen als schlecht an einem sehen, so zu nem Identitätsmarker wird. So diese Haltung, ich bin halt irgendwie en Scheißtürke und ich bin stolz drauf. Also ich sag mal in dem Maße wird auch Islam, wird die Religion zu nem Identitätsfaktor. Ohne dass die wirklich was wissen darüber.

In der offenen Jugendarbeit im Auerberg, im Bonner Norden, da gibt es diese Auseinandersetzungen, dass die dann auch die anderen als Scheißchristen beschimpfen oder Schweinefleischfresser und solche Sachen. Die Religion spielt wirklich keine Rolle dabei. Das ist etwas, manche sagen, Islam ist das letzte kulturelle Kapital, worauf man sich zurückzieht. Auch das wird öffentlich sehr schlecht gemacht. Das kommt auch dazu. Was in den Medien berichtet wird, also das verdichtet sich zu so einer Mentalität, wonach die denken, wird sind halt außen vor in dieser Gesellschaft. Also diese Einstellung ist unter den Jugendlichen, die Probleme machen und wo es zu Gewalt kommt, sehr verbreitet.

Wenn die weiterhin das Gefühl haben, die Gesellschaft will uns nicht, dann nützt ihnen die Sprache auch nichts. Die Sprache ist Voraussetzung. Das ist vollkommen klar. Aber es ist nur der erste Schritt und da muss auch noch was anderes kommen.

Man nannte mich Promenadenmischung

Eine Migrantin weiß genau, worauf sie achten muss – und bewegt sich sicher in zwei Welten.

Ich bin 17 Jahre alt, gehe auf ein Bonner Gymnasium, spiele gerne Fußball, obwohl ich ein Mädchen bin, singe gerne, spiele Klavier, lerne auch gern für die Schule – ganz ehrlich – und ich würde gern mal Sängerin werden. Meine Mutter kommt aus einem südamerikanischen Land, deswegen bin ich gemischt, aber ich sehe mich eigentlich als Deutsche, weil ich eigentlich deutsch aufgezogen wurde.

Also ganz ehrlich gesagt habe ich wegen meines Aussehens und meiner dunkleren Hautfarbe höchstens einmal in der Grundschule Schwierigkeiten gehabt, als ich Promenadenmischung genannt wurde. Aber so richtig extreme Sachen habe ich noch nicht mitbekommen. Höchstens, dass ich von Ausländern angesprochen werde und als Ausländerin bezeichnet werde. In dem Heimatland meiner Mutter gelte ich als Weiße, werden von meinen Cousinen um meine hellere Hautfarbe beneidet und auch nicht so gut aufgenommen, aber in Deutschland hab ich bisher eher Vorteile gehabt, muss ich mal sagen. Ja, Vorteile, weil viele Mädchen gerne braun wären, viele hätten gern lockige Haare. Sie wissen meist nicht, was für eine Arbeit es ist mit lockigen Haaren.

In unserer vorherigen Wohnung hatten wir ausländische Nachbarn. Mit denen kamen wir überhaupt nicht klar. Die konnten den Müll nicht trennen, die hatten überhaupt kein Verständnis für Zeiten. Außerdem hatten wir den Eindruck, dass die ihr Haus illegal fertig bauten, so um elf Uhr noch in der Nacht.

Man muss Araber von Schwarzen unterscheiden. Die verhalten sich ganz anders. Ich kenne auch viele schwarze Jungs, die sich komplett daneben benehmen und versuchen, das amerikanische Ghetto praktisch nach Deutschland zu bringen. Aber das macht ja die ganze Rap-Szene mittlerweile und da gehören halt auch ganz normale Ausländer wie Türken dazu. Aber am meisten angepöbelt fühle ich mich von den arabischen Leuten. Die dem Islam angehören, weil die dann auch abschätzig sind gegenüber den Deutschen. Sie sagen Scheißdeutsche, die wollen uns nicht hier haben. Die sagen, nö, ich lern kein Deutsch, warum soll ich denn Deutsch lernen, ist doch egal, ich kann doch auch so klar kommen.

Vor Kurzem kam eine Gruppe Ausländer bei ner Fete von uns einfach so vorbei und begann, Eier an die Wand zu schmeißen. Einfach so. Sie begannen außen alles zu demolieren, weil sie nichts zu tun hatten. Die Leute drinnen zu beschimpfen, wir wären ja die Scheißdeutschen, wir würden sie nicht rein lassen. Daraufhin haben wir sie reingelassen. Was dazu führte, dass sie anfingen, drinnen zu randalieren und Stress zu machen. Also haben wir sie wieder rausgeworfen. Der Abend drehte sich nur um die Leute, weil sie die ganze Zeit nur Stress gemacht haben. Ich weiß nicht genau, welcher Nationalität die waren. Aber auf jeden Fall waren auch Russen dabei.

Wir sind in der katholischen Landjugendbewegung. Also da sind wir jetzt nicht aus religiösen Gründen, sondern weil das ne Gemeinschaft ist. Und im Sommer betreuen wir kleine Kinder. Die können sich da zwei Wochen lang austoben, Hütten bauen. Das ist in der Nähe von einer Hauptschule. Und nachts wurden wir mit Steinen beworfen, von Russen oder Türken, die uns auch beschimpft haben, obwohl wir sie überhaupt nicht kannten.

Also, ich geh abends nicht alleine nach Bad Godesberg. Also, nicht ohne Begleitung. Aber mit Begleitung hab ich noch mehr Angst um meine Begleitung – den Jungen, der dabei iss –, weil ich habe Freundinnen, die in der Rheinaue waren, die saßen da zu 30, also, mit 30 Jungs, das waren alle Deutsche, man kann sagen von der Oberschicht so ungefähr und die saßen da ganz friedlich und dann kam eine ganz große Gruppe von Türken vorbei oder Türken und Ausländer – meist stechen die Türken hervor, ich weiß auch nicht warum –, und in einer Sekunde fingen die plötzlich an, auf die Leute einzuschlagen. Vielleicht hat jemand was hin gemurmelt, ach diese Ausländer oder so was, aber ratzfatz ging da ne Schlägerei los und keiner hatte verstanden wieso.

Also, den Mädchen wurde zum Glück nichts getan. Aber trotzdem, das verdirbt irgendwie alles und das ist traumatisch. Das einfach aus Langeweile, aus Frust. Ich glaube so heftig war's nicht. Weil die Mädchen sind mit ihren Fahrrädern weggelaufen und die Jungs sind, glaub ich, auch irgendwann weggelaufen.

Die Gangmitglieder sind hier Stammgäste

Der Leiter eines Jugendtreffs kennt seine Pappenheimer ganz genau.

Dieses Viertel hier ist geprägt von Plattenbauten aus den Sechzigern. Damals wurden die Häuser schnell gebaut, diese Hochhäuser, damit die Mitarbeiter des Bundestages darin wohnen konnten. Nachdem die 90 nach Berlin gezogen sind, einfach weggezogen sind, hat man diese Häuser an Migranten weitervermietet, so dass da mittlerweile fast 50 Prozent Migranten drin leben. Von den 330 Jugendlichen, die zum Beispiel in Medinghoven leben, sind über 190 Migrantenkinder. Und ein Teil von denen sind Stammgäste bei uns im Jugendzentrum. Sind eigentlich alle liebe Jungs. Sind halt looser, die nichts auf die Reihe gekriegt haben. Die haben nur eine Sache, mit der sie Anerkennung kriegen und sich identifizieren, das ist aufzufallen. Egal in welchem Zusammenhang. Einzeln sind das ganze liebe Kerle.

Die kriegen in der Schule gesagt, ihr seid dumm und kriegt nichts auf die Reihe. Landen auf der Sonderschule oder kriegen dementsprechende Noten, weil sie dem Lehrer nicht passen. Und da sie früh lernen, ich krieg nichts auf die Reihe, sagen die sich, wenn wir so keine Anerkennung kriegen in dem, was wir können, dann fallen wir eben anders auf – negativ. Hauptsache Aufmerksamkeit.

Ich bin selber Kurde, habe Sozialarbeit studiert. Ich hatte an der Hauptschule einen Lehrer, an dem hab ich mich orientiert. Habe später noch mein Fachabitur gemacht. Dann studiert. Ok, man muss es auch in sich haben. Wenn man's nicht hat und kriegt's von zu Hause nicht beigebracht, dann ist man in der Schule der Ausländer und dann zu Hause bekommt man nichts mit und dann kehrt man in den Sommerferien in die Türkei oder nach

Kurdistan zurück, da ist man der Deutschländer. Da gehört man nicht dazu, hier gehört man nicht dazu. Die haben nichts, womit sie sich identifizieren könnten. Wir sind hier Ausländer, dort sind wir keine Türken oder Kurden.

Dabei könnte man das auch anders sehen. Denken, ich bin überhaupt kein Opfer, kein Benachteiligter. Ich habe drei verschiedene Kulturen erlebt, kann mir Lösungsmöglichkeiten aus drei verschiedenen Kulturen zusammenzimmern. Ein Deutscher hat das nicht. Aber nicht jeder ist in der Lage, seine Situation so zu bewerten.

Man sollte die ganze Sache nicht auf die leichte Schulter nehmen. Es ist schon gefährlich, was die da machen. Mir fällt's schwer zu glauben, dass halt das Böse in ihnen ist. Wenn die Stadt nicht die sozial schwachen Familien alle an einem Ort konzentriert hätte, wäre sicher einiges anders gelaufen. Jetzt bleibt nur noch, den Leuten irgendetwas anzubieten, damit sie da wieder rauskommen, weiterkommen, berufliche und schulische Alternativen sehen. Möglichkeiten, sich weiter zu entwickeln.

Wir bieten hier bei uns eine Berufsberatung an, durch einen älteren, erfahrenen Kollegen. Der hat viele Verbindungen zu Firmen. Wenn man beobachtet, wie die Jungs, die sonst überall negativ auffallen, sich auf einmal zusammenreißen. Sich freuen, dass da jemand ist, der ihnen vielleicht eine Ausbildungsstelle oder einen Praktikumsplatz verschafft. Wie die da antanzen. Ist schon toll. Wenn man denen was anbietet, nehmen die das auch an. Aber in der Hinsicht gibt es ja kaum etwas. Sie haben nur erfahren, dass sie sich zehnmal beworben haben und zehn Absagen bekamen. Danach fehlt ihnen die Motivation.

Wir haben hier oben ein Vater/Sohn-Projekt. Eine Art Gewaltprävention mit dem Ziel, dass Väter ihre Söhne nicht mehr schlagen. Denn in unserer Kultur gibt es das eigentlich nicht, dass Väter mit ihren Söhnen irgendwas unternehmen. Die Mama kümmert sich um die Erziehung, der Vater verdient das Geld. Diese Rollen sind hier teilweise nicht mehr aufrecht zu erhalten.

Dadurch rutschen die Väter in die Bedeutungslosigkeit. Lassen ihren Frust an den Kindern aus.

Da ist viel schief gelaufen in der deutschen Geschichte. Man hat damals die Leute hierher geholt, ihnen kein Deutsch beigebracht. Und erst seit ein paar Jahren hat man endlich kapiert, die werden nicht zurückgehen. Also bis vor wenigen Jahren noch wurden die Türken, die hier seit 40 Jahren teils schon in der dritten Generation leben, noch immer als Gastarbeiter bezeichnet. Jetzt versucht man das, was man 40 Jahre lang versäumt hat, in ein paar Jahren wieder gut zu machen.

Hoffnung

(zitiert aus Bonner Generalanzeiger, Lokalteil Bad Godesberg)

Rosalie war zu Besuch beim arabischen Lebensmittelhändler. Fanny beim marokkanischen Fleischer und Kevin interviewte und fotografierte einen türkischen »Döner-Mann«. »Wir wollten die Ausländer aus unserer Heimatstadt besser verstehen lernen und herausfinden, was sie bewegt und warum sie ihre Heimat verlassen haben«, beschreibt Mitstreiter Moritz die Aktion »Rezepte gegen Gewalt«. Neun Schüler eines Bad Godesberger Gymnasiums hatten sich ein Herz genommen und mit Notizblock und Fotoapparat in fremde Kulturen hineingeschnuppert. »Schon als wir die Straßen abklapperten, gefiel uns das ausländische Flair, der Geruch exotischer Gewürze«, schwärmen Paula und Victoria. »Wir konnten früher nicht verstehen, warum gerade so viele Moslems nach Deutschland kommen«, erzählen Alvaro und Cedric. Jetzt, nach den Gesprächen in Feinkostläden und Callcentern, hätten sie gelernt, dass hauptsächlich Kriege, Armut und Not diese Menschen aus ihrer Heimat vertrieben hätten.